CAIO ZIP

O VIAJANTE DO TEMPO

EINSTEIN, PICASSO, AGATHA E CHAPLIN!

REGINA GONÇALVES

2ª Edição

VIAJANTE DO TEMPO
EDITORA

Rio de Janeiro
2017

AF728614

Copyright © 2005, by Regina Gonçalves.

Projeto da capa e miolo: Rafael Nobre | Babilonia Cultural | e Vanessa Rosa
Revisão e diagramação: Regis L. A. Rosa

2ª edição - 2017
Todos os direitos reservados à Editora Viajante do Tempo Ltda
editoraviajantedotempo@gmail.com www.viajantedotempo.com

CIP-BRASIL. CATALOGAÇÃO-NA-FONTE
SINDICATO NACIONAL DOS EDITORES DE LIVROS, RJ

G624e
2. ed.
Gonçalves, Regina, 1963-
Einstein, Picasso, Agatha e Chaplin / Regina Gonçalves.
2.ed. - Rio de Janeiro : Viajante do Tempo, 2017.
228 p. : il. ; 23 cm. (Caio Zip, o viajante do tempo)
ISBN 978-85-63382-60-3
1. Einstein, Albert, 1879-1955 - Ficção. 2. Picasso, Pablo, 1881-1973. 3. Christie, Agatha, 1890-1976. 4. Chaplin, Charlie, 1889-1977. 5. Ficção histórica brasileira. I. Título. II. Série.
17-43930 CDD: 869.93
CDU: 821.134.3(81)-3

CAIO ZIP

O VIAJANTE DO TEMPO

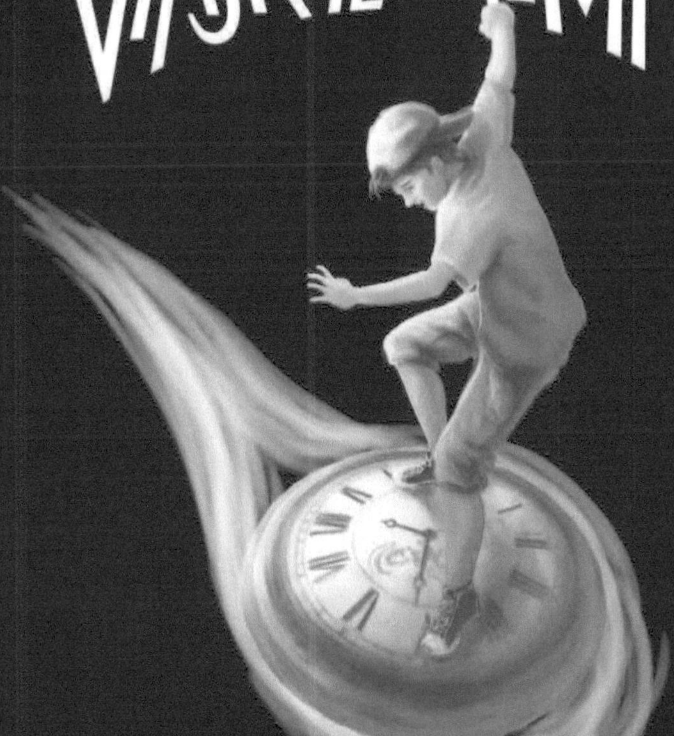

SÉRIE DE LIVROS
CAIO ZIP, O VIAJANTE DO TEMPO

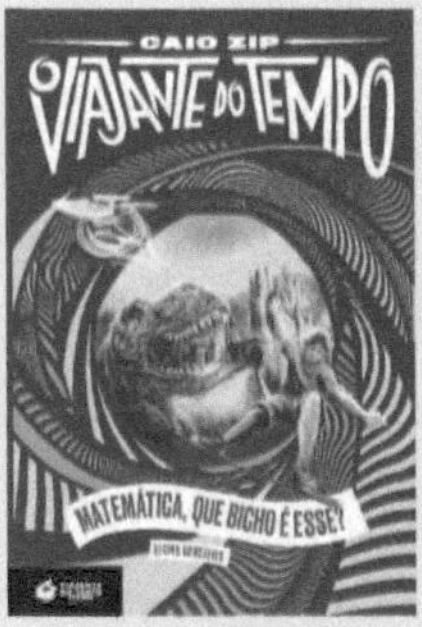

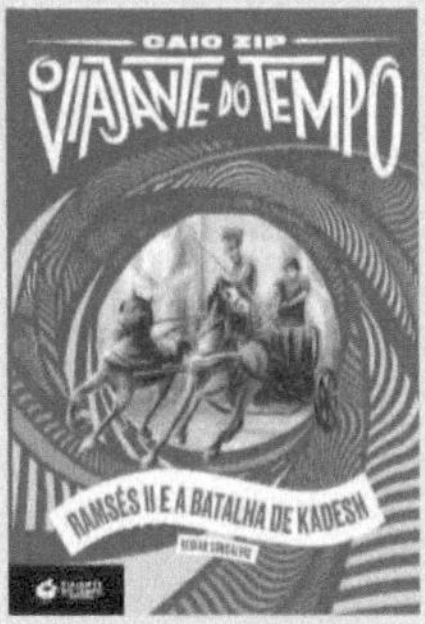

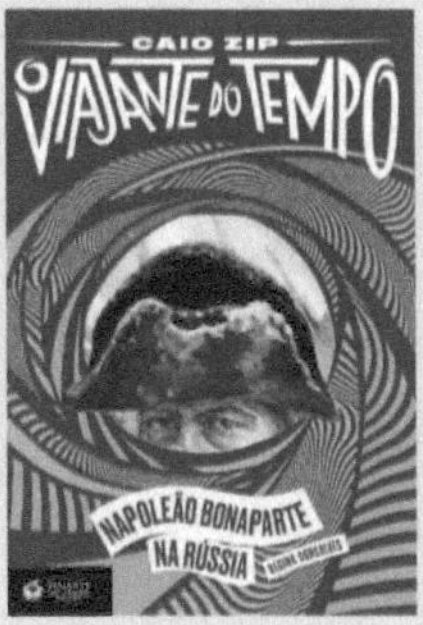

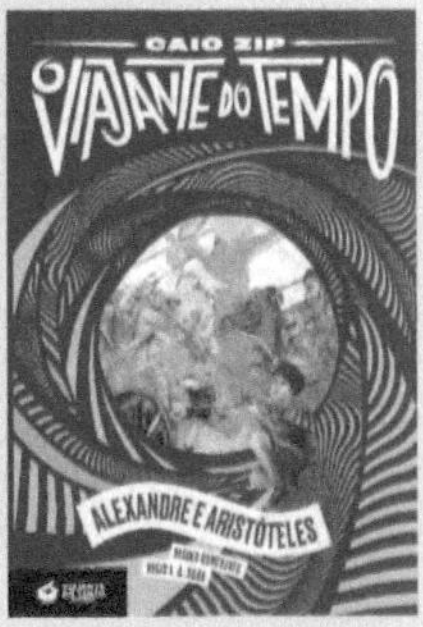

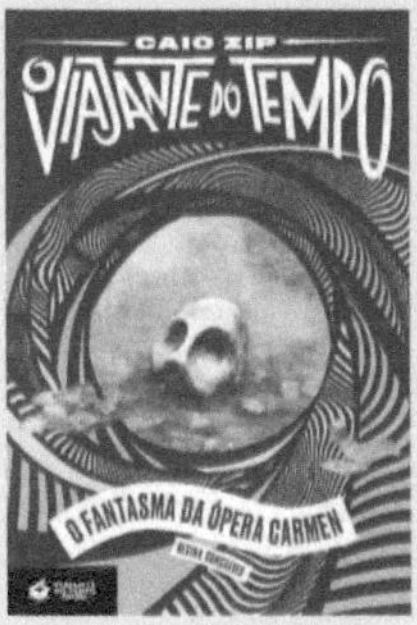

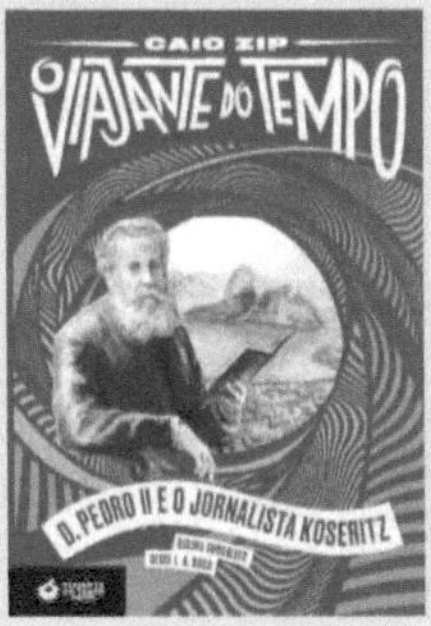

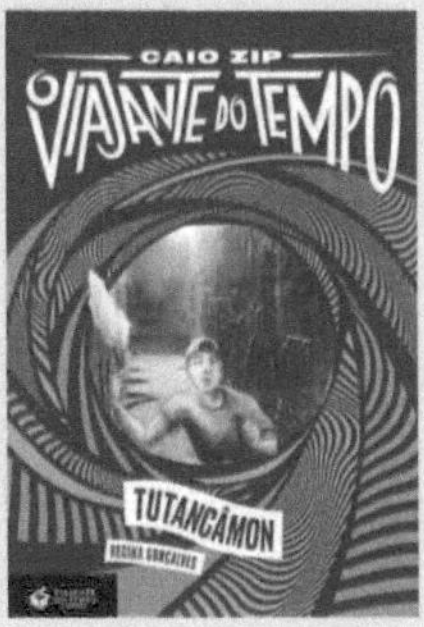

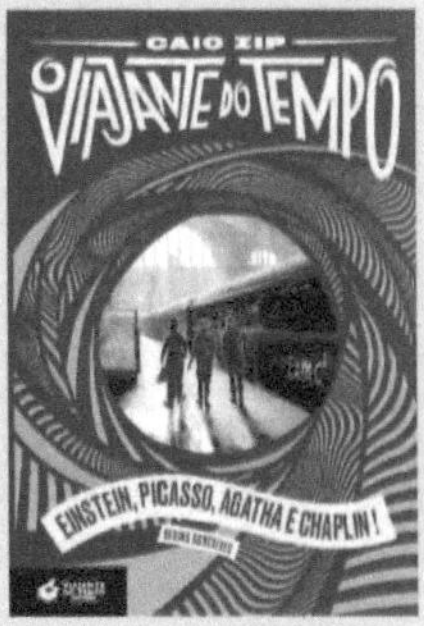

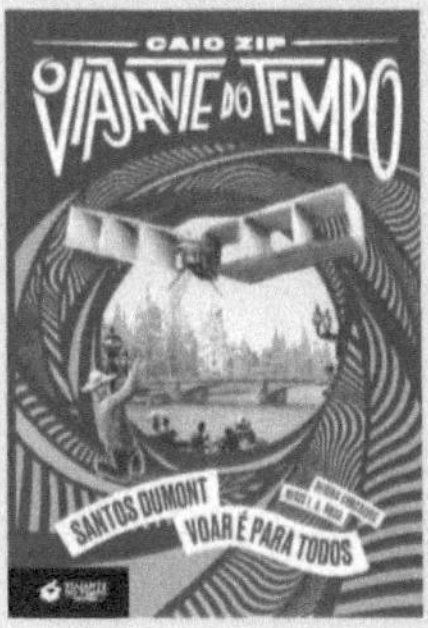

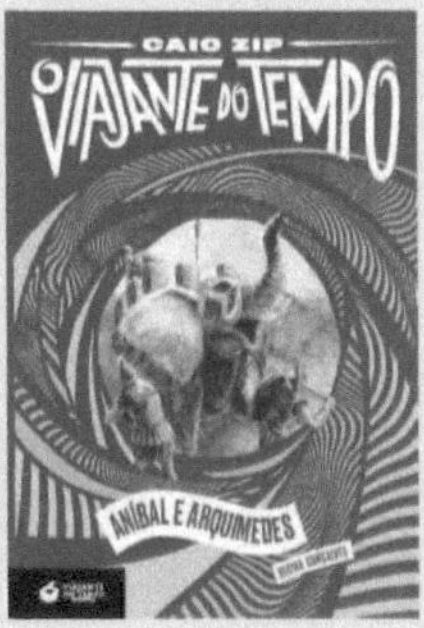

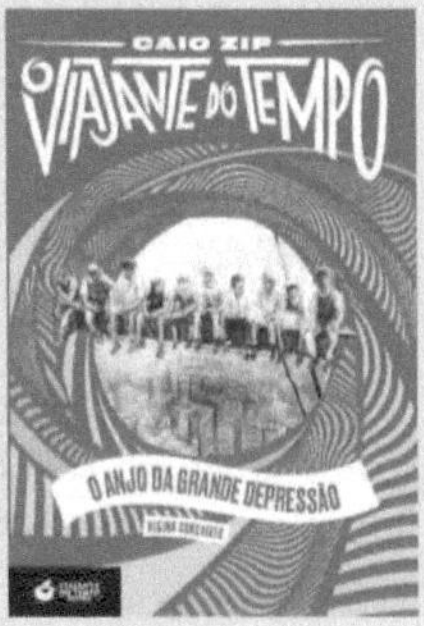

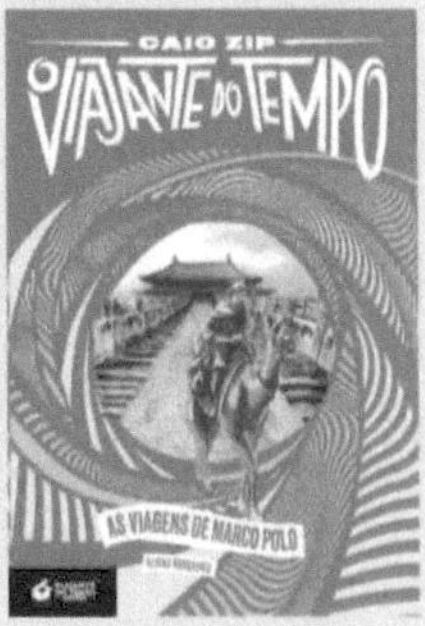

O jovem Caio Zip é capturado por uma máquina do tempo que o leva a lugares inesperados em momentos decisivos da História mundial.

ESTA SÉRIE BRASILEIRA FOI PUBLICADA POR GRANDES EDITORAS NA CHINA E NA COREIA DO SUL.

CAIO ZIP, O VIAJANTE DO TEMPO

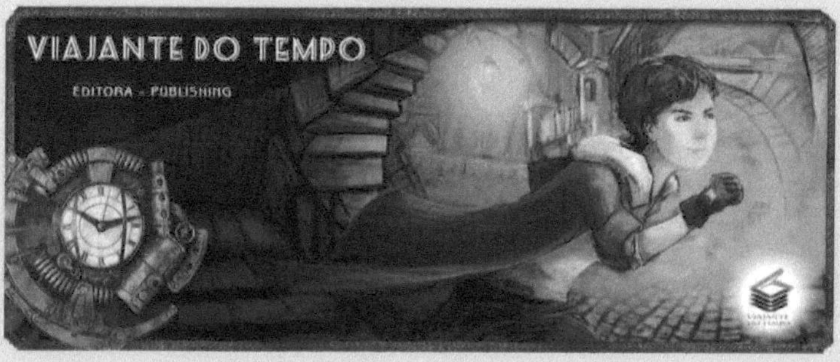

Cada livro da série será seu passaporte para que você faça uma grande viagem no tempo. Sem malas, sem documentos e com Caio Zip, você vai viver em épocas incríveis que vão desde o Antigo Egito, passando por momentos históricos decisivos com Tutancâmon, Ramsés II, Alexandre - o Grande, Aníbal de Cartago, Arquimedes, Marco Polo, Napoleão, os artistas impressionistas, D. Pedro II, Santos Dumont, Einstein, Picasso, Agatha Christie, Chaplin e mais, muito mais.

Caio Zip terá de encarar enigmas que desafiarão a sua mente. Muitas batalhas para lutar e conquistar grandes conhecimentos... Se sobreviver! Mas para sair das encrencas tem de usar o seu maior poder, que mesmo sem perceber ele usa muito bem: o poder da dedução!

Finalmente, você vai ver História, Arte, Filosofia e Ciência combinadas e integradas de uma forma nunca vista. A proposta da série é divertir, educar e atiçar a curiosidade de outro viajante do tempo: o leitor!

CAIO ZIP é um jovem, como tantos outros, que gosta de computador, jogos, séries, futebol e a sua maior paixão: o skate.

Sentindo-se sufocado com os pais cobrando o tempo todo uma melhor nota na escola, Caio foi rondar sem rumo pela internet. De repente, ouviu um *bip*. Era um *e-mail*, vindo sabe-se lá de onde. Caio abriu e leu:

Bem-vindo, caro amigo curioso.

Quem resolver este enigma salvará o ser vivo que mais precisa de ajuda para não ser extinto.

Enigma dos tempos:

De manhã sou inocente

De tarde sou caçador

No outro dia...

Abandono

Tudo e a todos a minha volta.

Quem sou eu?

Resolva o enigma o mais rápido possível!

Caio ficou olhando, olhando, pensando... E, por fim, digitou a resposta e... Zás, sumiu, tragado por uma espécie de túnel do tempo, levado em uma missão involuntária a civilizações do passado, presente, futuro e dimensões paralelas.

Assim começa a série de livros de ficção histórica Caio Zip – o Viajante do Tempo, dedicada a jovens e adultos. São histórias de mistério e suspense que combinam e integram diversos campos do saber, tais como história mundial, arte, filosofia, ciências e muito mais. A proposta da série é divertir, educar e atiçar a curiosidade de outro viajante do tempo: o leitor!

Caio Zip participa de descobertas e de momentos decisivos da História Mundial. A cada aventura vai amadurecendo e aprendendo que, para sair das encrencas, tem de usar o seu maior poder, que mesmo sem perceber ele usa muito bem: o poder da dedução!

Pelo portal do tempo, Caio Zip avança a seu destino.

Próxima aventura:

EINSTEIN, PICASSO, AGATHA E CHAPLIN

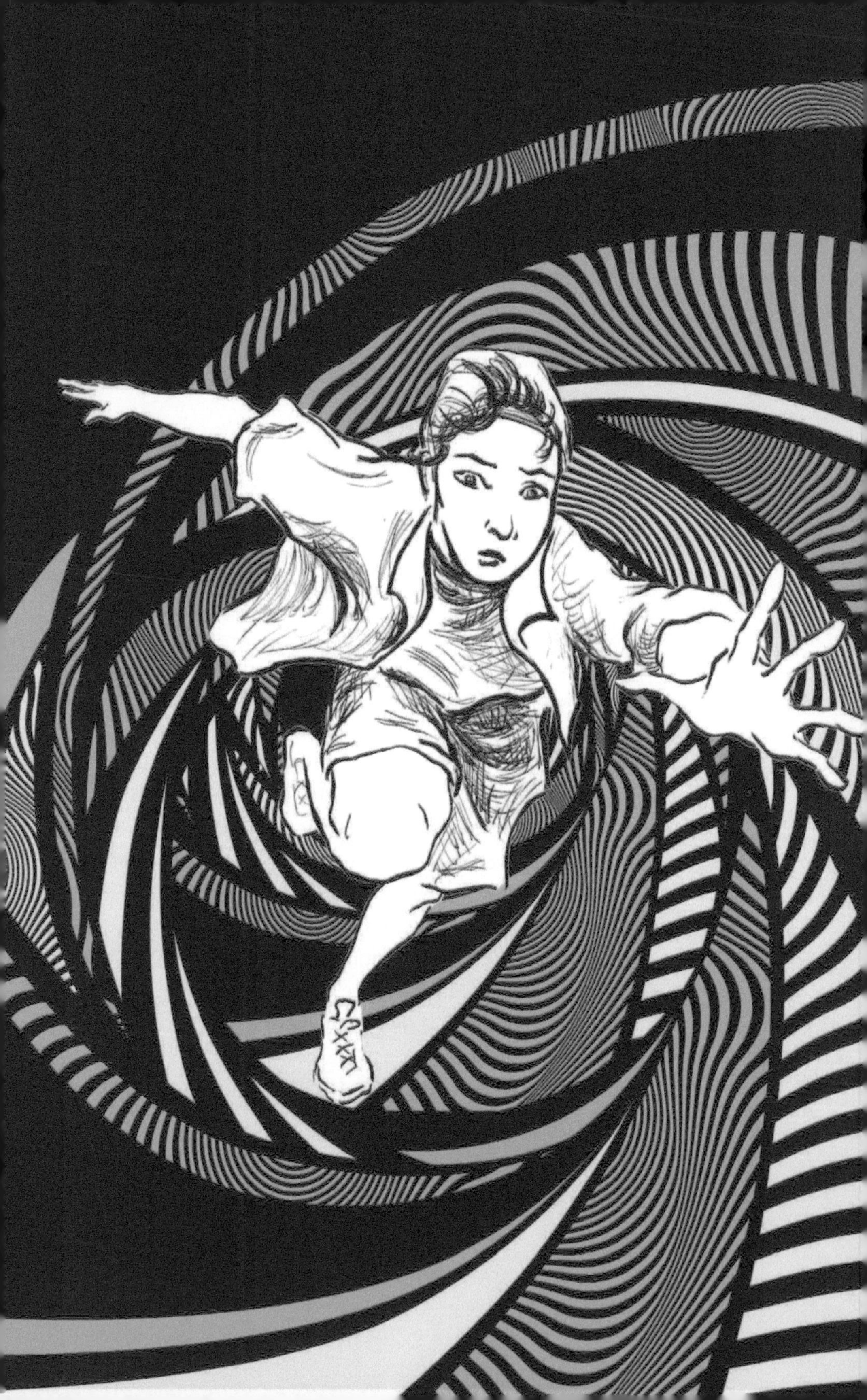

SUMÁRIO

1. A noite do crime

O vento incessante balançava a placa pendurada acima de um poste. Seu uivo coberto de lamentos atravessava as ruas vazias e escuras sem intuir que era seguido pelos passos solitários de um jovem. Nesse cenário sombrio, só restava ao viajante do tempo encolher as mãos nos bolsos do bermudão... Não sem antes enfiar com toda força o boné para esquentar as geladas orelhas. Sem saber para onde ir... Naquele lugar estranho, Caio Zip ficou a vagar por sobre os trilhos da linha de ferro que, por fim, o levaram a uma estação mais à frente. O percurso até lá era curto, mas o frio da madrugada e a pesada fome desanimavam o rapaz.

Um tempo depois, chegando na estação iluminada por uma tênue luz elétrica, o vazio se fez sentir. A estação lotada por um silêncio angustiante deixava-o sem ação. De súbito, o melancólico momento foi quebrado com a passagem de uma carruagem puxada por dois cavalos agitados que trotavam por sobre os quebrados paralelepípedos. Caio suspirou aliviado e até pensou em assoviar a fim de chamar a atenção do cocheiro, mas sua indecisão fez com que perdesse a chance. Aborrecido, voltou a vagar por aquela enorme estação. Caminhou por entre os bancos de ferro até encontrar um lampião aceso, provavelmente deixado por um sinaleiro. Pegou o precioso achado e ficou a procurar indícios de onde se encontrava.

Logo mais à frente, abaixo de um grande relógio de madeira esculpida, Caio encontrou um quadro negro onde constavam alguns itinerários para cidades francesas. Lá também constava o nome Gare Du Nord – estação do Norte – e a data de saída dos próximos embarques e desembarques... Contudo, o que mais chamou a atenção do jovem foi saber que era o ano de

1905. Suas descobertas estavam deixando-o empolgado, até que um ruído o atraiu.

Caio foi seguindo o som estranho, chegando a atravessar o outro lado da linha. Lá, um trem de carga se encontrava parado. Logo o garoto notou que os ruídos abafados vinham de um dos vagões vazios. Guiado pela curiosidade, aproximou-se devagar e, sem cerimônia, enfiou sua cabeça no interior do vagão juntamente com sua mão erguida sustentando o lampião... O tempo congelou diante daquele momento. Os olhos surpresos de Caio se fixaram no rosto contorcido de um homem completamente pálido e com a língua assustadoramente caída. Devagar, a boina velha e surrada daquela figura quase sem vida foi escorregando, revelando o cabelo curto e grisalho. Os olhos com um mórbido fundo preto do quase morto voltaram-se para Caio, pareciam implorar por uma última salvação... Mas, aos poucos, aquele olhar foi perdendo o brilho do desespero deixando no lugar um profundo vazio. O corpo sem forças daquele homem ainda permanecia de pé, enquanto os braços, que todo esse tempo permaneciam em volta do pescoço, começavam a escorregar por sobre o casaco rasgado, expondo a presença de um fio que estrangulava o pobre homem... Uma sensação forte de enjoo quase derrubou o jovem. O lampião chegou a balançar, e foi aí que a luz trepidante denunciou outra figura atrás do corpo, segurando o fio que sustentava o moribundo. Era um homem alto e moreno, trajando um terno preto, que ao encarar o jovem intruso... As mãos assassinas largaram sua vítima e se mantiveram arqueadas, preparadas para abater a nova presa à sua frente. O lábio superior do criminoso exibia os caninos, esboçando um sorriso de pura crueldade, que fez o jovem ser atingido por uma intensa descarga de pavor. Caio respirou fundo, mas o ar ficou travado na garganta seca. Seus olhos apavorados não conseguiam desviar-se do predador. Suas pernas trêmulas custaram a obedecer seu instinto de sobrevivência. Aqueles míseros segundos pareciam sem fim para ele que já implorava uma forma de escapar dali. O homem de olhar selvagem deu um passo em direção ao apavorado. Esse foi o momento para que algo vindo de dentro do jovem desse forças para reagir e, num só lance, atirou o lampião contra o maldito e fugiu em disparada.

Caio corria como um alucinado pelas ruas estreitas e escorregadias. O medo e as imagens do crime o perseguiam. As janelas escurecidas dos prédios o deixaram atormentado. Todas elas guardando aquela gente adormecida que nem em sonhos poderiam imaginar o drama que ele estava passando... Não ousava gritar. Tinha medo de que seu perseguidor o ouvisse e aí sim poderia ser o seu fim. Correr e correr para bem longe... Era tudo que queria. Porém, os lampiões espalhados na rua o aterrorizavam com seus jogos de luzes e sombras. Sua imaginação o fazia acreditar que cada sombra distorcida pudesse ser a do assassino à espreita.

As vitrines das lojas pareciam não só refletir o seu rosto encharcado de suor, mas também seus pensamentos. A cada relance, os olhos de Caio se concentravam nos reflexos que faziam imagens emergirem sobrepostas, tomando a forma de um quadro. Colagens como o rosto distorcido do estrangulado de perfil e de frente ao mesmo tempo com os olhos saltando e os dentes serrilhados... Bem no centro desse quadro que sua mente criava, podia distinguir a figura do assassino de lábios exageradamente grossos com um sorriso canibal. Os globos oculares do criminoso saltavam para fora da cavidade e sua face estava tremendamente repuxada. As mãos em forma de garras seguravam um longo fio da morte. No fundo dessa cena do crime estava o trem retratado tal como um desenho de criança. Acima, no canto esquerdo, estava o esboço feito por linhas trêmulas de sua mãe com a face deformada por lágrimas e, por fim, no canto inferior, estava o pedaço da tela mais escabroso... Lá, uma cova era perfurada por uma lápide com o nome Caio Zip em sangue borrado. Todo esse drama rabiscado por sua imaginação aterrorizada o deixava mais confuso. A cada encruzilhada não sabia para onde seguir... Como saber se estava na direção certa? Como saber o que aconteceria se seguisse por ali ou por aqui... Seria melhor ou pior? Durante sua fuga desembestada, Caio acabou esbarrando em alguém.

– Ei! – reclamou o homem fardado – o que há com você, rapaz?

– Seu guarda, tem um homem atrás de mim. Eu vi um homem morto.

– Calma aí, mocinho, fale devagar. Do que você está falando?

– Tem um homem querendo me matar. Ele matou um mendigo no vagão do trem lá na estação.

– Que história é essa? – zangou-se o policial, segurando os ombros do apavorado.

– Eu vi, eu vi! Tem um homem morto dentro do vagão.

– Mas como pode ser? A estação está fechada a essa hora. O que você estava fazendo lá? Ei, rapaz, cadê seus pais? Onde você mora? – o policial, segurou com força o braço de Caio. – Diga logo!

– Me larga! – Caio tentou se afastar. – Seu guarda, eu estou falando a verdade. Vamos lá na estação que eu mostro o corpo do mendigo.

– Mendigo, é? Deixa disso, rapaz. Diga onde você mora, senão eu vou é levá-lo para a delegacia, já, já.

– Não! – Caio se soltou e fugiu do guarda.

– Volte, garoto, volte já aqui! – gritou o guarda, parado. – É para o seu próprio bem.

Caio continuou a correr por aquelas ruas desconhecidas até que, esgotado, escondeu-se num beco escuro sem saída. Seu rosto estava vermelho e custava a respirar. Detrás de uns latões, acomodou-se do jeito que pôde. Apesar de tentar manter-se vigilante, seu corpo acabou obrigando-o a dormir, fugindo assim, nem que fosse por um breve momento, daquele pesadelo.

Aos primeiros chutes, Caio despertou.

– Acorde, moleque! – gritava alguém, enquanto continuava a dar chutes leves nas pernas do dorminhoco.

– O quê! – Caio esfregou os olhos. – Ah não, outro guarda.

– Anda logo. Não tenho o dia todo. Sai logo daqui ou senão o coloco nas grades.

– Droga, tô morrendo de fome.

– Ora, moleque, se é assim, então vá para o albergue, que é seu lugar. Anda!

– Albergue? Onde?

– É só dobrar a esquina. Sai logo daqui, antes que eu perca a paciência.

Caio se levantou e se dirigiu à esquina. Àquela hora da manhã, já havia pessoas andando pelas calçadas, assim como carruagens e carroças. Logo ele percebeu que todos que passavam por ele o estranhavam, principalmente as mulheres usando chapéus de abas largas e trajando vestidos longos com golas abotoadas com broches. Definitivamente, seus trajes diferentes e sujos chamavam a atenção. Intimidado com a situação, encolheu os ombros, fechou ao máximo a camisa contra o peito e tratou de acelerar o passo.

Assim que atravessou a rua, foi direto para um prédio onde havia uma fila de pessoas que pareciam estar mais esfomeadas do que ele. Ao entrar no recinto, andou até um balcão e pegou um dos casacos ali amontoados. Apesar de o agasalho ser de um tamanho maior que o seu manequim, vestiu-o. Apressado, cruzou um corredor e foi seguindo o cheiro da sopa, que a essa altura lhe pareceu um verdadeiro manjar dos deuses. Sentou-se um pouco afastado dos velhos reunidos na ponta da mesa longa e fez sumir de uma só vez a comida. No último gole, olhou para frente e se assustou. Lá na porta de entrada, avistou o policial que havia esbarrado durante a correria da madrugada. Com medo, escondeu o rosto por detrás da gola do casaco até verificar que o guarda saíra dali. Mais relaxado, voltou a procurar por mais um prato de sopa.

– Está mesmo com fome, filho – diante dele estava uma senhora de cabelos grisalhos, presos na forma de um coque, que segurava uma cesta de pães. – Aceita um pedaço? – ela sorriu. –Está fresquinho.

– Quero, sim, obrigado! – Caio retribuiu com um sorriso.

– Nunca vi você por aqui – a mulher ajeitava os pequenos óculos que teimavam em escorregar para a ponta do nariz. – Como se chama?

– Meu nome é Caio Zip. E a madame?

– Que rapaz educado. Sou madame Dupin. Sou eu que ajudo a cuidar desse abrigo junto com o pastor Samuel... E você está sozinho? Cadê seus pais?

– Bom – disse Caio, desviando o olhar por um instante –, eu, eu... Estou por uns tempos viajando sozinho. Os meus pais não estão vivos.

– Pobre menino – a senhora passou os dedos no rosto sujo de Caio. – Onde você está morando?

– Eu acabei de chegar aqui de madrugada e ainda não arranjei um lugar pra ficar.

– De madrugada! – espantou-se a mulher. – E o que ficou fazendo até o amanhecer?

– Eu estava na estação e... – por mais que tentasse, a indecisão de Caio o impedia de contar o ocorrido à idosa atenciosa.

– Vamos, filho, o que foi que aconteceu? Pode falar.

– Eu vi um homem sendo estrangulado. Foi isso que aconteceu.

– Verdade! E você viu a cara de quem o matou?

– Direito, não – a velha ficou por instantes a encarar o garoto.

– Oh, bom Deus, como é que essas coisas acontecem – a senhora se sentou ao lado de Caio. – Então é mesmo você quem o policial procura.

– Policial?

– Vou ser franca com você, meu filho. Esteve agora há pouco um oficial procurando por um garoto que contou para ele sobre um assassinato. Como ele achou que o garoto não batia bem da cabeça, pediu-me para que assim que eu o visse o avisasse – a velha sorriu e colocou a mão nas costas do assustado. – Mas sabe de uma coisa? Eu acho que se você viu realmente um crime, deve ir até a delegacia e dizer tudo que sabe.

– Não, não vai dar – Caio ficou agitado.

– Por que, meu filho?

– Não, não posso.

– Mas por quê? – insistia madame Dupin. – Se você está com medo, eu posso ir com você.

– Não, deixa pra lá. Eu estou sozinho e se bobear a polícia vai me prender.

– Tem certeza?

– Tenho, tenho sim.

– Acho que você está certo. Depois que você contasse tudo, a polícia, vendo que você está só, iria mandá-lo para o orfanato... E eu acho que você não iria gostar muito de lá.

– Orfanato! Não, de jeito nenhum.

– Bem, Caio, já que você não quer... Você tem lugar para ficar?

– Não, eu já disse que eu não tenho.

– Ah é, você já disse isso. Que cabeça a minha! Bem, na rua é que você não pode ficar. Venha comigo, filho, vou levá-lo para a pensão onde moro.

– Pensão! – animou-se Caio, mas em seguida ficou preocupado. – Mas eu não tenho dinheiro.

– Não se preocupe. Você pode pagar trabalhando. Vamos? Sua cara está me dizendo que precisa de um bom descanso e de um bom banho.

Caio e madame Dupin passavam por um beco abandonado quando a senhora, que andava curvada, aparentando ter algum problema no joelho, parou por uns instantes. Caio prosseguia, sem perceber a ausência da senhora, mas enquanto andava ele sentiu algo estranho. Era como se pressentisse que algo de ruim estava a acontecer. Quando estava para prestes a se virar para trás, ouviu a voz de um homem gritando.

– Madame Dupin!

A mulher, ajeitando a cintura da saia, rapidamente, virou-se para um homem alto loiro que estava se aproximando.

– Bom dia, monsieur Duarte. Como vai?

– Vou bem, madame.

– Um lindo dia, não?

– Sim, madame, mas o que estão fazendo aqui neste beco?

– Como o que estou fazendo? Estou levando meu amiguinho para a nossa pensão.

– Ah, mas uma cara nova. Prazer! – cumprimentou o homem, tocando no chapéu. – Sou Jean Duarte.

– Sou Caio Zip – Caio apenas deu um pequeno aceno com a cabeça. O homem virou-se para a senhora.

– Madame, não deveria passar por aqui. É muito perigoso.

– Que nada! – respondeu a mulher, impaciente. – De dia não tem problema algum e monsieur sabe que por aqui a gente corta um bom pedaço do caminho.

– Não é nada sensato uma dama arriscar-se. Se me permitir, irei com vocês.

– Mas monsieur não está vindo de lá?

– Sim, mas não tem problema. Eu só ia bater um pouco as pernas, procurando um tema para fotografar. Vamos?

– Já que monsieur insiste – a senhora estava um pouco agitada, olhando para Caio.

– Insisto, madame. Eu faço questão de deixá-los na porta.

2. Os célebres amigos

Tim, tim, tim – tocava a senhora Dupin a pequena campainha do balcão da pensão.

– Já vai! Já vai! – resmungou uma senhora de cabelos brancos, de olhos escuros e com intensas rugas na testa. A mulher, andando com a ajuda de uma bengala e segurando um enorme xale nas costas, descia as escadas atrás do balcão. – Que coisa, madame Dupin! Tenha paciência. Eu não posso estar em todos os lugares ao mesmo tempo, sabia?

– Madame Blanche, é sobre isso mesmo que vim falar com a senhora. Trouxe esse rapaz aqui para ajudá-la nos serviços.

– Ah, não! – assustou-se a mulher apertando mais o xale contra o peito. – Não me diga que é um dos seus mendigos.

– Não – aborreceu-se madame Dupin com aquele comentário. – Esse rapaz não é um dos meus carentes do albergue.

– Ah, é! – desconfiou a senhora, olhando de cima a baixo o garoto escondido no enorme casaco. – Então, de onde veio esse mocinho, hein? Não quero gente estranha em minha casa.

– Madame – interrompeu o homem que acompanhava madame Dupin –, qual é o problema dele ficar aqui? Madame mesmo admitiu há pouco que precisa de alguém! Esse rapaz é forte e saudável. Ele pode muito bem ajudar fazendo os serviços, como lavar janelas, mandar recados, ir às compras para madame...

– E o que isso vai me custar?

– Tudo isso em troca de comida e de um quarto.

– Um quarto, não – a velha franziu o rosto. – Eu só tenho o depósito lá no sótão. E ele vai ter que fazer também a faxina dos quartos.

– Já está ótimo – sorriu madame Dupin. – Ele aceita, não é?

– É – confirmou Caio, chateado. – Tá bom.

Uma senhora alta, de cabelos acobreados, surgiu por detrás da idosa inquilina.

– Quem é ele? – a estranha tinha uma voz forte e um pouco irritante. Ela olhava fixamente para Caio que não estava muito simpático.

– Ninguém, madame Elpram, ninguém! – madame Blanche já estava a subir as escadas. – É só mais uma boca para comer que me arranjaram.

– Marine, que bom que está aqui! – saudou madame Dupin com entusiasmo exagerado. – Minha querida, será que você poderia me fazer um favor?

– Sim, o que deseja?

– Eu preciso voltar logo para o albergue. Poderia cuidar desse rapaz? Madame Blanche aceitou que ele trabalhe aqui como um favor para mim?

– Não tem problema – disse a mulher, colocando a mão pesada sobre o ombro de Caio. – Por mim está tudo bem. É sempre bom ver uma cara nova.

– Obrigada, Marine. Sabia que poderia contar com você. Voltarei assim que puder – madame Dupin virou-se para Caio. E você, meu filho, não saia. Está bem? – a senhora saiu sem olhar para trás.

– Venha, vou lhe mostrar o lugar... Como você se chama?

– Caio Zip, senhora.

– Bom, venha comigo – Marine parou um instante e ficou a reparar em Caio – Acho que precisamos arranjar umas roupas para você e... Que tal um banho?

Após enfrentar uma banheira com água bem fria e mais horas intermináveis ouvindo a senhora Marine Elpram explicando suas tarefas, Caio, finalmente, conseguiu ficar sozinho. Aproveitou aquele momento tranquilo para andar pelas salas perto da recepção. Quando avistou uma sala aconchegante, aproveitou que estava vazia e esparramou-se num sofá. Ficou ali pensativo, tentando lembrar sobre tudo o que lhe havia acontecido desde que chegara naquele tempo até que avistou um jornal em cima de uma mesinha à sua frente. Folheou as páginas, avidamente, até se fixar em uma coluna.

– Hum! Gosta de ler a parte policial? – disse uma voz vinda detrás do sofá.

– O quê! – Caio, surpreso, largou o jornal que caiu no chão.

– Ei, calma! – pediu uma ruiva que aparentava ter a mesma idade que Caio. Ela, delicadamente, pegou o jornal, sentou-se ao lado de Caio e começou a folhear as páginas. Caio reparava na desconhecida que trajava uma saia e paletó cinza com um broche em forma de flor preso à gola alta de uma blusa branca.

– Quem é você?

– Eu é que deveria perguntar – sorriu a garota sem deixar de ler. – Não o vi aqui antes.

– Cheguei a pouco.

– E já estava lendo o jornal com tanta ansiedade! Isso me deixou curiosa.

– Por quê?

– Do jeito que estava lendo, eu sou capaz de apostar que você estava procurando alguma coisa muito especial.

– Eu só estava lendo, quero... Quero dizer – gaguejou Caio, engolindo em seco. – Eu só estava passando o tempo.

– Que pena – desapontou-se a jovem. – Pensei que tinha encontrado, finalmente, alguém para conversar neste lugar chato. Também pudera, as pessoas daqui não são muito de ler e nem de conversar... Você gosta de livros policiais? Por acaso, você já leu as aventuras de Sherlock Holmes?

– Sherlock! – alegrou-se Caio. – Eu o conheço bem.

– Você gosta? Que maravilha!

– Eu o acho muito legal.

– Legal – estranhou a jovem. – É, não deixa de ser, já que ele é um detetive, ele tem de agir conforme a lei. Mas, deixando isso de lado, então, eu não me enganei. Você gosta de ler o jornal procurando crimes não resolvidos, assim como eu, não é isso?

– Não é bem isso. Na verdade, eu estava vendo se havia alguma coisa sobre um homem morto na estação.

– Na estação! – a ruiva interessada logo se acomodou no sofá junto a Caio. – Onde? Quando aconteceu?

– Hoje de madrugada.

– E você já queria encontrar a notícia no jornal? Ah, que é isso! Se aconteceu de madrugada, o jornal só vai noticiar amanhã lá pelas onze.

– Pelas onze!

– Claro. O jornal custa muito a chegar aqui em Montmartre.

– Droga!

– Mas... Como foi esse crime que você viu afinal?

– Quem disse que eu vi o crime?

– Só pode ser. Eu não vi madame Elpram comentar nada sobre um crime e, pode acreditar, se ela não noticiou, então ninguém está sabendo de nada. Ela é a maior "noticiadora" da região. Além do mais, do jeito que você estava folheando esse jornal... Aí tem coisa. Você tem algum envolvimento pessoal com o caso. Estou certa?

– É, você acertou.

– E então, vai me contar o que você viu?

– Eu vi um homem sendo estrangulado.

– Estrangulado! – Mary ficou pensativa, depois continuou. – Onde foi?

– Foi lá na estação.

– Sei, sei, mas qual estação?

– Acho que era... Ah, sim gare du Nord.

– Hum, essa é uma das maiores estações daqui de Paris. E o que você viu de verdade?

– Eu vi um mendigo sendo estrangulado por um homem.

– Você viu o rosto do criminoso?

– Vi e não vi. Havia pouca luz, sabe. Ele era alto, moreno... Vestia um terno preto... Foi tudo muito rápido. E eu... Eu não esperava... Lembro-me bem do olhar... Era muito... Muito frio, mas ao mesmo tempo parecia tão assustador.

– Bem, não é de se estranhar. Certamente, o homem não esperava ser visto por alguém – a garota riu, mas em seguida ficou intrigada. – Aliás, o que você estava fazendo na estação a essa hora?

– Eu? Eu estava andando perto dos trilhos até que vi a estação. Eu acabei de chegar aqui na cidade.

– Sozinho?

– É! Não tem nada de mais – tentou Caio desconversar. A curiosa, vendo que Caio tinha ficado sem jeito, mudou de assunto.

– E o que mais? Como era o assassino? Ele era grandalhão? Tinha alguma cicatriz?

– Não, não, ele era bem normal... – Caio estava confuso com aquele interrogatório. – Quero dizer... Que eu me lembre, ele não tinha nada que me chamasse a atenção.

– A não ser que era um homem com as mãos ocupadas estrangulando alguém – Caio, sem graça, manteve-se quieto. A ruiva curiosa voltou à carga. – E o que mais aconteceu?

– Ah, eu fiquei ali parado, mas depois que vi o homem avançar, querendo me pegar... Eu joguei o lampião na cara dele e me mandei.

– E tem certeza que o mendigo morreu?

– Ele morreu, sim, e na minha frente. O homem de preto estava estrangulando-o com um fio até que a língua do mendigo ficou toda de fora e o rosto estava branco... A boca dele estava roxa que nem... Que nem aquele pano ali – disse o aflito, apontando para uma toalha de mesa bordada em cima de uma mesinha alta com uma bíblia aberta num apoiador de madeira. Ele voltou a relatar de forma mais tensa. – O olhar... O olhar dele me implorava por ajuda e eu não pude fazer nada. Nunca pensei que pudesse me sentir tão inútil. Mas... Mas o que eu podia fazer? Droga!

– E você já falou com a polícia?

– Não, não...

– Como não? – repreendeu a jovem. – Você é uma testemunha ocular e...

– Ora, por quê? – chateou-se o garoto, levantando-se do sofá. – Eu... Eu vivo sozinho... Acabei de chegar e... Não conheço ninguém. E a polícia vai me levar pra um orfanato. Eu não vou me envolver com a polícia.

– Sim, sim, compreendo – a ruiva ficou pensativa por um instante e depois prosseguiu. – Bom, vamos esperar. Se tudo isso aconteceu de madrugada na estação, deve sair alguma coisa nos jornais amanhã.

– Mas aconteceu. É tudo verdade!

– Eu não duvido de você. Do jeito que você estava olhando o jornal... Do jeito que você contou como se estivesse vendo tudo novamente... Dá para sentir que você não inventou e nem exagerou... Você não parece do tipo que conta coisas só para impressionar uma garota – brincou a jovem. – Pode deixar! Amanhã deve sair alguma notícia, nem que seja uma notinha. – ela deu um sorriso com o olhar que deixou Caio se sentindo mais confiante.

Os dois estavam novamente juntos no sofá, quando surgiu senhora Blanche.

– Ah, aí está você, mocinho – a proprietária usou um tom tão áspero que fez Caio saltar do sofá. – Trouxe aqui uma lista das coisas que eu quero que você faça aqui na pensão. Espero que não seja do tipo molenga. Já vou logo avisando que comigo não dá nada certo gente assim.

Caio pegou a lista e ficou abismado com a quantidade de tarefas.

– Vamos, moço, já deixei você muito tempo de bobeira – disse a dona usando a bengala para empurrar Caio. – Ao trabalho. Anda! Anda!

– Ei, espera – a ruiva aproximou-se de rapaz. – Você não me disse seu nome.

– É Caio Zip – respondeu Caio já na porta com a proprietária ainda empurrando. – E o seu?

– É Mary – apressou-se a garota. – Mary Miller.

– Mocinho – disse a senhoria já na frente de um balcão. – Fique aqui e me espere que já volto.

A mulher subiu as escadas, deixando Caio abandonado. Entediado, ele caminhou até a janela, e ficou observando o movimento da rua. Num dado momento, surgiu um homem de bigode, trajando um terno e colete quadriculado. O estranho, carregando uma mala, entrou na pensão, dando um aceno a uma senhorita que saía do recinto. Caio ficou a reparar naquela figura ímpar de cabelos castanhos desgrenhados, que calçava sapatos de couro sem meias e tinha a calça do terno bem amassada. Mais peculiar era seu comportamento, pois olhava para tudo ao seu redor e mexia nos objetos com uma espontânea curiosidade infantil. A impressão que Caio tinha era de estar diante de alguém visitando o local pela primeira vez. Não. Era mais do que isso. A sensação era de que o homem não fazia parte daquele lugar, como se estivesse vagando fora do seu mundo, fora do seu tempo.

– Essa mala é sua, monsieur? – indagou madame Marine Elpram, descendo as escadas.

– Sim, sim – confirmou o desconhecido, retornando para perto da mala. – Eu gostaria de alugar um quarto.

– Pois não – Marine reparava com o canto do olho aquela mala gasta com uma pequena corda amarrada na alça. – E quanto tempo pretende ficar?

– Acho que uma semana é o meu limite.

– São 15 francos com café e almoço, adiantados.

– Isso basta? – o estranho foi tirando do bolso algumas notas embrulhadas, espalhando-as por cima do balcão.

– Marcos alemães!

– Eu ainda não tive tempo de trocar o dinheiro.

– Engraçado – prosseguiu a abelhuda Marine. – Monsieur não parece alemão.

– Eu sou alemão, ou melhor, sou suíço.

– Como? – ficou a ajudante intrigada.

– É melhor explicar: Nasci em Ulm, na Alemanha, mas naturalizei-me suíço.

– Então, faz pouco tempo que se naturalizou, não é?

– Pouco tempo, muito tempo. É relativo.

– E monsieur está vindo de?

– De Berna.

– Monsieur...

– Por favor – solicitou o estrangeiro, segurando a mão da mulher gentilmente. – Chame-me de Albert.

– Está bem, Albert – sorriu Marine, ajeitando os cabelos. – Está viajando sozinho?

– Sim.

– Decerto é solteiro?

– Absolutamente... Não. Sou casado e tenho um filho.

– São 15 francos e não aceitamos marcos – reagiu friamente a desiludida, tirando a mão do galanteador.

– Eu decido isso, Marine – reagiu a senhoria descendo as escadas, carregando um balde e um esfregão. – Vá cuidar da cozinha. Eu cuido desse novo hóspede.

– Sim, madame – encabulada, a funcionária saiu da sala imediatamente.

– Mocinho, venha cá! – gritou a dona para Caio, que saiu de perto da janela. – Pegue essas coisas e comece logo a limpar esse chão. Quando terminar, me avise que tenho mais tarefas para você.

A sisuda proprietária deixou Caio e foi direto apanhar o dinheiro no balcão.

– Está tudo certo? – perguntou Albert, tranquilo.

– Está – a dona, mais amável, deixou a bengala num canto e colocou diante do homem um enorme caderno de capa dura. – Monsieur...

– Albert.

– Que seja! Preencha a ficha, enquanto vejo um quarto – a velha saiu, deixando o homem preenchendo vagarosamente o registro.

Caio, sem muito jeito, tentava fazer a limpeza daquele chão de madeira encardida. Em certos momentos, enfiava o esfregão no balde e em seguida encharcava o chão... Mas, sem perceber, cada vez que erguia o cabo, o desajeitado respingava a água suja nos que passavam por ali. Sem dúvida, o mais privilegiado foi justamente Albert, que ainda se mantinha todo esse tempo de pé apoiado no balcão. Com muita calma, o novo hóspede se aproximou de Caio.

– Rapaz, pode me esclarecer uma dúvida?

– Sim – respondeu Caio, interrompendo a limpeza.

– Você saberia dizer de que lado da rua eu vim?

– Foi da direita. Mas por que pergunta?

– Ah, que bom. Isso quer dizer que passei pelo café e já almocei – o estranho vagava os olhos pelo teto.

– Monsieur está bem?

– Muito bem, principalmente depois de me refrescar com essa chuva.

– Chuva?

– Não está chovendo? Bem, pensei que estivesse debaixo de uma goteira ou algo assim... Afinal, do jeito que meu terno está manchado.

– Ah! – tentou Caio esconder o esfregão nas costas. – Desculpe, eu não percebi o que estava fazendo. É meu primeiro dia aqui.

– Eu acredito – murmurou o homem, erguendo as sobrancelhas. – Assim como acredito que, se continuar por aqui, vai ser o que eu chamo de um verdadeiro mistério do universo.

O homem, sem olhar para Caio, saiu pela porta da rua, esbarrando num jovem que usava um uniforme com quepe preto e friso dourado. O outro jovem parecia estar um bom tempo ali, assistindo à cena, encostado na porta. Ele cumprimentou o senhor com o quepe e depois voltou a encarar a figura de Caio.

– O que você está olhando? – Caio estava com o ombro apoiado no esfregão e segurando o balde.

– Nada, amigo – o jovem aproximou-se de Caio. – Eu só estava vendo e aprendendo. Sabia que você é um verdadeiro achado? E faz tudo isso de forma tão natural.

– Do que você está falando? – Caio virou o corpo bruscamente.

– Ei! – agachou-se o jovem antes de ter o rosto atingido pelo cabo do esfregão. – Cuidado com isso!

– O quê! – virou-se Caio novamente quase acertando um novo golpe no rapaz que se desviou mais uma vez.

– Me dá isso aqui – o rapaz pegou a arma de limpeza. – Você é atrapalhado demais com isso aqui.

– Atrapalhado? – resmungou Caio, largando o balde. – Mas é você que está atrapalhando o meu serviço.

– Eu não queria atrapalhar, muito pelo contrário. Eu só queria dizer que você é um cômico nato.

– Pode parar de debochar – disse Caio com uma voz firme.

– Mas eu não estou debochando de você. Só estou tentando dizer o quanto você ficaria ótimo num palco.

– Você é algum comediante?

– Eu faço um pouco de tudo. Sou ator, dançarino, cantor, faço um pouco de pantomima...

– De quê?

O jovem aproximou-se de Caio e o fez segurar seu quepe. Em seguida, apanhando o esfregão, começou a dançar com a fina parceira de madeira ao ritmo de uma valsa imaginária. Caio prestava atenção no dançarino que parou no meio da sala e, apoiando o esfregão numa cadeira, cortejava a fina namorada com seus cachos pretos feitos de palha que molhavam o chão. O artista prosseguia bem animado a sua conversa muda com a sua parceira inanimada, até ser interrompido por um homem mal-encarado, de cabelos claros e barba por fazer.

– O que pensa que está fazendo, moleque? – Olha só essa bagunça!

– Desculpe, doutor Boir – assustou-se o comediante, parando imediatamente com a brincadeira. – Eu só estava...

– Eu só sei o que você não estava fazendo: trabalhando – o homem de testa franzida chegou perto e largou um forte bafo. Depois deu um empurrão quase derrubando o jovem indefeso. – Vai começando a limpar essa molhadela ou não vai? – os olhos do jovem retinham a raiva, enquanto o homem ralhava. – Seu moleque! Não passa de um vagabundo nojento. Vai trabalhar!

– Também não precisa tratar desse jeito – intercedeu Caio, pegando o esfregão. – Pode deixar que eu limpo.

– Não se meta! Eu não estou falando com você – quando o médico se fixou no rosto de Caio, algo aconteceu.

– O que houve? – estranhou Caio a expressão de espanto do médico.

– Afaste-se de mim – disse o transtornado com os olhos brilhando em lágrimas e mordendo os lábios.

– Calma, doutor – tratou o rapaz de defender Caio. – Não precisa brigar.

– Me deixem em paz. Me deixem!

O homem, estarrecido, saiu quase derrubando um dos quadros pendurados perto da porta da rua.

– "*Vão trabalhar, vão!*" – imitou o jovem do quepe preto o jeito do doutor. – Velho bêbado! Precisa tratar a gente assim? A cada dia que passa tenho a impressão de que os homens estão perdendo o dom do riso e se tornando mais parecidos com máquinas.

– É mesmo – acenou Caio com a cabeça. – E esse rabugento está mais pra um rolo compressor.

– Compressor, é! – incitou o garoto, pegando o quepe que estava com Caio. – Pra mim, ele está mais pra um compressor de cerveja.

Os dois ficaram rindo por uns instantes.

– Sou Charlie, um dos últimos humanos que gostam de rir – disse o rapaz, esticando a mão.

– Sou Caio, o penúltimo – os dois se cumprimentaram.

– Bem, acho melhor deixar você trabalhando antes que eu arranje mais confusão – Charlie consultou o relógio de pêndulo preso acima do balcão. – Está na minha hora de voltar à estação.

– Estação! Qual estação?

– Naquela grande, a Gare du Nord.

– Você trabalha lá! – disse Caio, admirado. – Que coincidência.

– Por quê? Você também trabalha lá?

– Não, é que hoje de madrugada eu vi um assassinato lá.

– E depois me pergunta se sou comediante. Isso é alguma piada?

– Bem que eu gostaria – disse Caio, um pouco ansioso. – Por acaso você sabe se alguém na estação encontrou o corpo de um mendigo estrangulado?

– Mendigo estrangulado? – estranhou o rapaz, coçando a cabeça. – Um mendigo? Por que matariam um mendigo? Já não basta o que eles sofrem pra se manterem vivos? Que história é essa?

– Ah! Essa é a minha história e vou contar tudo a você.

Os dois ficaram a conversar, enquanto saíam do saguão.

3 - O encontro da arte com a ciência

Chegou a noite, e com ela veio o cansaço de um dia de trabalhos forçados que a dona da pensão havia imposto às mãos nada acostumadas de Caio. Suas costas doíam, seus braços sentiam ainda o peso dos caixotes que a velha o tinha mandado retirar do porão... E ainda sentia a dor causada pelo peso excessivo das tralhas que tinha sido obrigado a arrumar para ter mais espaço no sótão em que se encontrava naquele momento.

Caio foi à frente de uma velha penteadeira. Pegou uma jarra de porcelana branca e despejou um pouco de água na bacia. A cada vez que enxaguava a face dava uma pausa e ficava a olhar no espelho. O reflexo exibia um rosto abatido com os olhos castanhos quase fechados. Seus cabelos castanhos, que passaram o dia todo desgrenhados, agora estavam molhados e finalmente arrumados. Dolorido, aproveitou para massagear o pescoço e as costas com uma pequena toalha. Espreguiçou-se e acabou se jogando no colchão fino estirado no chão.

Por mais que tentasse, seu corpo sem energia não o deixava mais pensar em nada, mas também lhe dava tanta dor que nenhuma posição era confortável para dormir; se é que isso era possível acomodado num colchão velho e usando apenas uma grossa coberta cheia de furos... Não dormia, mas também não acordava. Daquele sótão frio e iluminado apenas por uma lamparina, emanavam as mais diversas sombras que faziam vir à mente as lembranças do crime. Por mais que tentasse impedir, a cena do crime repetia-se como que querendo forçá-lo a ver detalhes menosprezados por ele. Não adiantava. Esforçava-se ao máximo, porém não conseguia juntar os fragmentos para ter uma ideia melhor do que havia ocorrido. O cansaço finalmente derrotou a dureza do chão. Sem ter mais como suportar rever as lembranças, mergulhou num sono vazio. Ficou assim durante muito tempo. Às vezes, seu corpo estremecia, mas depois, quando já se sentia prestes a se embrenhar em um relaxante sono profundo... Um barulho, uma gritaria infernal, o expulsou de vez.

– Para com esse barulho! – gritou um dos hóspedes vestido de pijama listrado.

– O que foi, companheiro? – reagiu um homem calvo, de terno cinza, saindo de um quarto de onde se ouvia uma música.

– Eu não posso dormir com essa algazarra – zangou-se o de pijama que, com seu alarde, fez os hóspedes se aglomerarem no estreito corredor.

– Mas nós não estamos fazendo algazarra. Nós estamos tocando baixo, não é pessoal? – divertia-se o homem de terno, olhando para um grupo de músicos bem animados. – Monsieur é que está fazendo uma algazarra. Olha como acordou todo mundo aqui da pensão.

– O que está acontecendo? – indagou madame Blanche que abria passagem com sua bengala por entre o fotógrafo Duarte e o doutor Boir.

– Nada, madame – tentou madame Elpram acalmar. – É monsieur Emiliano que está se queixando do barulho do quarto do monsieur Jacob.

– De novo! – reclamou a velha com as duas mãos sobre a bengala. – Eu já não disse para vocês pararem com essas reuniões com seus amigos artistas? Aqui é uma pensão e não um cabaré.

– Não estamos fazendo nada, madame – rebateu um espanhol segurando um violão, saindo do quarto barulhento. – Só estamos comemorando a nossa maior riqueza.

– Ah, que bom – sorriu a senhora. – Então, finalmente, vou ver o dinheiro dos três meses que me deve.

– Não, ainda não vai ser hoje – cerraram-se os olhos de Jacob, temendo a reação da proprietária. – Eu ainda não recebi do jornal. Sabia que eles compraram três artigos meus? – a mulher estava calada, zangada. – Mas prometo à senhora que até o final do mês pagarei tudo que devo. Ou quase.

– Para seu bem, espero que consiga – ela o encarou, erguendo a bengala. – E desta vez não vou aceitar de jeito nenhum os quadros do seu amigo aí como pagamento – apontou a mulher para o amigo animado do senhor Jacob. – Agora, voltando à questão, se bem que tenho certeza de que vou me arrepender da resposta, o que vocês estão comemorando? Que maior riqueza é essa?

– E o que mais poderia ser, madame – empolgou-se o espanhol, olhando para os companheiros. – Ora, só pode ser a vida.

– À vida! – repetiram todos de dentro do quarto. Cada um deles virou de uma só vez um copo de vinho.

– Parem com isso – zangou-se a dona. – Monsieur Max Jacob, pela última vez, tire esse bando de bêbados daqui antes que eu chame a polícia.

– Não vamos sair – revoltou-se o embriagado de violão em punho. – Temos todo o direito de comemorar. O que mais a gente possui senão essa maravilha? À vida!

– À vida! – repetiu o pessoal, erguendo os copos vazios.

– Fora! – ordenou a proprietária enfurecida. – Eu já disse que vou chamar a polícia.

– Madame – interrompeu um homem saindo do quarto vizinho de onde estavam os bêbados. – Por favor, não há necessidade de chamar a polícia.

– Como não, monsieur...

– Eu não me apresentei à senhora? Eu me chamo Albert.

– Sim, agora me lembro. Você é o tal sujeito sem formalidades.

– Grande homem! – elogiou o animado espanhol, apertando sem parar a mão de Albert. – Gostei de você. Sem formalidades. Gostei! Pode me chamar de Pablo.

– E eu vou chamar a polícia – reagiu a hospedeira, erguendo a bengala para o homem que tentava se defender com a ajuda do violão.

– Ei, o que é isso? – Albert afastou os dois esquentados. – O que acham de todos nós começarmos a comemorar a coisa mais inatingível da vida?

– O quê? – perguntou Pablo, intrigado.

– A paz – sorriu Albert, colocando uma mão no ombro do homem e a outra na hospedeira. – E para isso, vamos fazer grande momento de reflexão e, principalmente, de sossego.

– À paz! – sussurraram todos os músicos com o dedo indicador diante da boca.

Pablo, sorridente, fez com que todos do seu grupo saíssem do quarto, despedindo-se de Max. Pegou a boina e um casaco e antes de se retirar deu um grande abraço em Albert.

– À paz, meu sábio – disse Pablo. – Mas, acima de tudo, à amizade.

4 - Os detetives

Depois da segunda madrugada tumultuada, Caio se pôs logo cedo a fazer os serviços no jardim, já que a proprietária tinha medo de que o novato desajeitado acabasse com uma das suas estimadas peças de decoração que abarrotavam todos os cômodos da antiga pensão. Horas depois, ao ir à cozinha tomar seu café da manhã, Caio viu Mary conversando com um rapaz que estava sentado de costas para a entrada da cozinha. Sem querer interromper, ficou diante da porta ouvindo a conversa dos dois.

– Você é inglesa – afirmou o rapaz.

– Sim – respondeu Mary, servindo-se de um bolinho em cima da mesa à sua frente.

– Eu também sou. Você está morando aqui em Paris?

– Não. Eu moro em Torquay. Fica no condado de Devonshire. Conhece?

– Não, mas conheço a fama. Dizem que tem belas praias.

– É verdade! A minha favorita é a de Meadfoot. É mais agradável do que o recanto destinado só para mulheres. E você, onde mora?

– Eu moro em Londres.

– E o que você está fazendo aqui em Paris? – estranhou Mary.

– Estou só de passagem. Mas o que traz você aqui? Está de férias?

– Eu estava internada na escola de moças da mademoiselle Dryden, mas agora que estou de férias. Estou aproveitando para passar uns dias aqui com minha mãe.

– Dryden? Mas espera aí. Essa mulher é famosa, não é? – Mary acenou confirmando. – Essa é a professora que só recebe moças pra estudar música, piano e teatro... Você está pretendendo ser atriz?

– Ah, não – Mary, enrubescida, cobriu a boca com a mão. – Mas quem sabe um dia eu possa vir a ser uma cantora de ópera – ela respirou fundo e falou num tom mais confiante. – E você? Se está de passagem, então por que está usando essa roupa de mensageiro?

– Isso – o garoto pegou o quepe que estava apoiado na mesa. – Não é nada, não. É que pra poder pagar as minhas aulas de mímica tive que arranjar um trabalho... É apenas um biscate. Na verdade, eu sou ator.

– É mesmo! Adoro teatro. Desde pequena minha avó me levava para ver comédias e musicais e depois me comprava as partituras que tocavam na peça. Você está trabalhando em alguma peça?

– Bem, eu faço parte de uma peça sobre as aventuras de Sherlock Holmes.

– Que maravilha! Conan Doyle é meu autor favorito. Você faz o papel de Sherlock?

– Não.

– Ah, do Watson então.

– Não. Eu faço o mensageiro Billy.

Caio começou a rir tanto que chegou a esbarrar num vaso em cima de um pedestal ao seu lado.

– Caio, é você? – indagou a garota.

– Oi! – respondeu Caio, equilibrando o vaso.

– Caio, quero lhe apresentar.

– Charlie – completou Caio.

– Vocês já se conhecem?

– Sim, eu o conheci ontem – respondeu Caio.

– É – confirmou Charlie. – Caio é um dos meus professores.

– Professor? – desconfiou Mary.

– Não liga, não. Ele só está brincando.

– Bem, pelo menos você é minha inspiração – Charlie riu ao ver Caio que, contrariado, voltou a esbarrar no vaso.

– Mary, você já viu o jornal de hoje? – mudou Caio de assunto.

– Lamento, Caio, não saiu nada nos jornais.

– Mas como não saiu! Os jornais daqui não ligam pra morte de um mendigo? Não pode ser.

– Não tinha nada – confirmou a jovem.

– Mas eu vi – disse Caio, muito agitado. – Eu não estou mentindo.

– Eu acredito em você, Caio – apoiou Charlie.

– Você contou a Charlie? – disse a garota boquiaberta.

– Contei.

– Caio, você tem que ter cuidado. Você não pode ficar contando isso por aí.

– Eu sei. Mas quando soube que Charlie trabalha na Gare du Nord, pensei que ele pudesse saber de alguma coisa.

– Trabalha? – animou-se Mary. – Isso é bom. Quem sabe você possa nos ajudar perguntando ao pessoal...

– Eu já tentei – cortou Charlie. – Lá na estação ninguém está sabendo de nada. Ninguém sabe de nenhum mendigo ou sobre alguém ter morrido.

– Mas eu juro que vi – reagiu Caio. – Que droga! Como é que o corpo sumiu? E agora? Eu vi o homem sendo estrangulado. Ele morreu na minha frente! O que o desgraçado fez com o mendigo?

– Caio, o trem onde você viu o crime estava em qual linha?

– Não sei.

– Sabe a que horas aconteceu o crime?

– Ah, isso eu sei. Lembro-me de ter visto um relógio na estação. Marcava... Duas e vinte.

Por uns instantes, Charlie ficou pensativo até voltar à questão.

– Normalmente, a essa hora, fica um trem de carga que parte às duas e meia e um outro que só sai às seis e quinze da manhã.

– Então – raciocinou a investigadora. – a única explicação que imagino é que o assassino estava no trem das duas, e quando o trem começou a andar, atirou o corpo para fora do trem.

– Ele não poderia ter colocado num caixote ou num baú e, simplesmente, despachar? – supôs Caio.

– Não dá – discordou o mensageiro. – Os trens descarregam tudo na penúltima estação e saem da linha de tráfego cedo para dar passagem aos trens de passageiros.

– Que coisa! – disse Mary. – Esse caso é tão estranho que vale a pena ser investigado. Se ele tivesse que atirar o corpo para fora do vagão, era mais viável que fosse antes de chegar à outra estação.

– Se isso aconteceu... – raciocinou Caio. – Charlie, o trajeto até a próxima estação é longo?

– Um pouco – esclareceu Charlie.

– Então, talvez eu possa dar uma olhada na região e ver se descubro algo.

– Bom, também não é assim – rebateu o mensageiro. – Aquele lugar é meio complicado de chegar a pé.

– É, vai dar um trabalhão – desanimou-se Caio.

– Ei – Mary deu um pequeno sorriso. – Não fique assim... Estamos juntos nisso.

– Mas, Mary – interrompeu Charlie. –, será que tudo isso vai valer a pena? Nada está fazendo sentido.

– Não é bem assim – contrariou a jovem – Pelo menos, agora faz algum sentido porque um homem estrangulou alguém em vez de esfaquear.

– Faz? – estranharam os dois rapazes.

– Estrangulamento é limpo e o corpo demora mais a se decompor. Os grandes criminosos jamais são pegos pela simples razão de que os crimes jamais são descobertos. Seja quem for o assassino, o crime foi feito com muito cuidado. O assassino não deixou nenhuma pista e muito menos o corpo.

– Mas esse caso... – insistiu Charlie. – Você não acha muito estranho um homem, um grande criminoso, ter tanto trabalho pra sumir com o corpo de um mendigo? Por quê? Ninguém iria se importar com um mendigo morto...

– A não ser... – refletiu Mary.

– O quê? – disse Caio, aflito.

– Só se o homem não era... – ela se virou para Caio. – Você tem certeza de que ele era um mendigo?

– Se fosse um garoto usando roupas rasgadas e sujas eu não ia achar nada de mais, mas quando vejo um cara mais velho usando roupas desse jeito, aí, pra mim, ele é um mendigo.

– Será? – duvidou a ruiva. – Como era o rosto dele?

– Disso eu não consigo esquecer. Ele estava horrível. Os olhos estavam pretos em volta, estavam esbugalhados. A língua estava toda de fora...

– Sei, sei... Mas... Ele tinha barba longa ou por fazer? Como é que era? Estava com o rosto sujo? Como?

– A barba – recordou Caio com a mão apoiada no queixo. – Ele não tinha barba nenhuma. Ele não estava sujo, não. Só estava branco que nem cera.

– E os cabelos? Como eram?

– Bom, ele tinha alguns cabelos brancos e...

– Você se lembrou de alguma coisa?

– É que... O tal homem até que se cuidava. É! Agora estou me lembrando. As mãos dele... As unhas. As unhas dele estavam bem cortadas e também estavam limpas... Melhor que as minhas, poxa! O cabelo dele era curto e estava bem penteado...

– E essa agora! – aborreceu-se Charlie, comendo um pão em cima da mesa. – Que mendigo mais elegante. Só falta você dizer que ele também tinha uma cigarreira onde guardava as suas caras pontas de cigarros...

Mary retornou às questões.

– Lembra se ele havia alguma mordida ou arranhão nas mãos ou nos braços?

– Não, não tinha – Caio ficou a verificar o estado das próprias mãos. – A minha, por exemplo, já tem uma mordida do miserável rato do beco onde eu dormi.

– Se é assim – raciocinou a garota. – Esse homem só usava roupa surrada, mas, definitivamente, não era um mendigo.

– Que fantástico! – disse o mensageiro, batendo as mãos nas coxas. – Quer dizer que além de estarmos tentando desvendar um crime sem corpo, estamos a resolver o assassinato de um mendigo que não era mendigo. Ora bolas! Por que alguém se vestiria de mendigo?

– Ele devia estar disfarçado – a imaginação de Caio começou a crescer. – É, vai ver que ele estava na estação tentando fugir da cidade e daí o assassino o achou escondido no vagão e acabou com a raça dele.

– Ah, se é assim, eu tenho uma história melhor. O que acha disso: o falso mendigo era um criminoso que matou toda a família do assassino, inclusive uma irmã cega. – o jovem ator, empolgado, subiu na cadeira. – O homem de terno preto, sendo o último sobrevivente, jurou vingança. Daí o malvado matador da família, com medo da ira do enlouquecido irmão, jurou que a partir daquele dia seria um mendigo à procura de redenção. Mas não adiantou. O irmão da bela cega o encontrou e fez justiça com as próprias mãos. – ele desceu da cadeira. – Essa história só está precisando de uma musiquinha de fundo bem melosa, não acha?

– Que ódio! – avançou Caio em cima do rapaz que, assustado, ficou encolhido atrás da cadeira. – Eu não estou inventando esse maldito assassinato, tá bom?

– Parem vocês dois – zangou-se a ruiva. – Se nós três vamos investigar por conta própria, não podemos ficar brigando.

– Nós três? – espantou-se o mensageiro.

– Isso mesmo. Nós três vamos descobrir tudo isso, sim.

– Mas como? – rebateu Charlie. – Nós nem sabemos onde está o morto pra começar.

– É, devo admitir que se tivéssemos um corpo, isso ajudaria bastante... Mas eu acho que o desafio vai ser bem empolgante assim mesmo. Se houve um crime, quero solucioná-lo.

– Eu já disse – Caio socou a mesa. – Eu vi a droga do mendigo ser estrangulado.

– E o que adianta se você viu ou não viu? – deduziu o teimoso mensageiro. – O assassino, a esta hora, já sumiu com o corpo e fugiu da cidade.

– Fugir! – riu Mary. – Para quê? Ele não precisa. Ninguém sabe do crime.

– Mas e eu?

– Ora, Caio – disse a garota, cruzando os braços. – Se você não deu queixa até agora à polícia, ele deve ter achado que você não vai dar mais. Ainda mais, sem o corpo, fica difícil a polícia acreditar.

Caio ficou a suspirar, desanimado com o rumo da situação.

– Sem corpo, sem assassino – listou Charlie, enquanto comia alguns pãezinhos em cima do fogão à lenha, bem rápido e escondido dos outros. – Pra mim, esse homem já está bem longe e acabou.

– Pode ser – concordou Mary. –, mas algo me diz que ele está ainda por aí. De qualquer forma, saberemos mais assim que acharmos o corpo.

– E como vamos achá-lo? – interessou-se Charlie quase engasgando com o último pão.

– Eu ainda não sei. Preciso ir à estação para saber mais. Tem que haver alguma pista no local.

– Bom, isso eu posso fazer – concordou o mensageiro. – Eu tenho mesmo que ir pra lá.

– Então vamos logo.

Quando os três se preparavam para sair, surgiu na porta madame Blanche com jeito de poucos amigos.

– Onde pensa que você vai, mocinho? – disse a senhora, olhando para Caio.

– Eu só ia dar uma saidinha.

– Raios que o partam! Você tem serviço, sabia?

– Mas eu já fiz tanta coisa hoje. Não posso ter uma folga?

– Não é para mim que você vai fazer o serviço. Aliás, eu já desisti de você. Já tive reclamação sua e não posso dar o luxo de perder gente que paga em dia por sua causa. Bem, deixa pra lá. – Caio deu um suspiro, enquanto a proprietária retornava a falar. – O serviço a que me refiro é para madame Dupin. Como eu reclamei a ela que não estava satisfeita com você, ela se prontificou a pagar sua estada aqui, mas, para isso, ela pediu que eu o avisasse que você vai ter que trabalhar para ela lá no albergue de agora em diante.

– Então ela quer que eu vá agora?

– Agora, não – disse a mulher, deixando Caio aliviado. – Já era para você estar lá desde cedo, isso sim, seu molenga. Vamos! Vai logo que ela está esperando há um bom tempo.

– Mas madame só deu o recado agora!

– E por acaso é fácil procurar alguém nesta pensão? Vai, vai indo.

– Só me faltava essa – desanimou-se Caio. – Não vou poder ir até a estação.

– Bom – disse Charlie, fitando o olhar severo da proprietária. –, pelo menos, agora você está livre do trabalho escravo, não é?

– É isso que escuto por ser generosa – resmungou a dona da pensão, fuzilando Charlie com o duro olhar. – Vá, mocinho, e leve esse comilão para fora da minha cozinha. Chispem vocês daqui!

– Tudo bem, Caio – disse Mary, dando tapinhas no ombro do desconsolado. – Vá para o albergue. Eu e Charlie iremos à estação e depois a gente se encontra aqui, está bem?

5 - O novo trabalho

Escadarias e mais escadarias. As ruas de Montmartre eram uma prova de esforço a cada esquina, mas para Caio aquilo não era nada. A ansiedade de reencontrar-se o mais rápido possível com Mary e Charlie o fazia correr tanto que ele nem percebia o quanto sua respiração já se encontrava ofegante.

Àquela hora da manhã, já havia um movimento intenso das charretes e carroças puxadas por burros. Nas ruas principais, travava-se uma batalha dos pedestres contra os ônibus, bondes elétricos e carruagens para conquistar o direito de atravessá-las. Uma luta mais acirrada era contra aquela quantidade de automóveis que corriam loucamente a 40 quilômetros por hora... Essas novas máquinas enlouqueciam todos com seus motores barulhentos. A buzina mais parecia uma ave sendo estrangulada. Um forte cheiro de fuligem espalhava-se no ar. A fumaceira cinzenta expelida pelo terrível escapamento, que hora ou outra tossia engasgado, obrigava os motoristas a se manterem protegidos usando pesados casacos longos, luvas, bonés e grandes óculos como os de um antigo aviador. A única sensação de revanche que os pedestres possuíam contra esses senhores do trânsito era quando um deles estacionava. Era divertido ver o motorista retirando com a face suja, mas quando tiravam os enormes óculos surgiam duas bolas redondas, demarcando aquela área limpa ao redor dos olhos.

Caio passava por tudo aquilo sem se envolver. A única coisa que ele enxergava à sua frente era o desejo de se livrar logo das tarefas da madame Dupin. Sua pressa era tanta que nem reparou quando, ao entrar no albergue, esbarrou em um mendigo, na entrada, fazendo com que este deixasse cair um embrulho no chão. Apesar de o homem sentir-se muito contrariado, ele apenas limitou-se a encarar o mal-educado, pegar o pacote e continuar a seguir seu caminho.

– Com licença, moço! – chamou Caio um homem loiro de meia-idade usando um terno preto e uma gola fechada alta branca, sentado numa mesinha. – Sabe onde posso encontrar madame Dupin?

– Madame Dupin... – disse o homem, procurando em volta. – Ela deve estar no escritório.

– E onde fica?

– Siga o fundo desse corredor e bata na segunda porta.

Caio foi até a sala e encontrou a velha senhora de frente à porta, sentada numa mesa, ocupada em colocar folhas de papel dobradas uma a uma em envelopes, e, em seguida, lambia-os para lacrar.

– Ah, meu filho, entre! – pediu a mulher, guardando as cartas na gaveta com cuidado. – Como demorou!

– Madame me chamou... – disse Caio, esbaforido. – Eu só recebi o recado há pouco.

– Ah, é! Bom, pelo menos chegou – a mulher se levantou e fechou a porta. – Soube que você não foi nada bem nos serviços da pensão. Madame Blanche reclamou que você é muito mole.

– Eu não sou preguiçoso – reagiu Caio. – Eu só não estou acostumado a ser mula de carga. Aquela mulher queria que eu fizesse todo o serviço e eu fiz. Eu limpei os quartos, o salão e tudo mais. Só que aquela exploradora me mandou limpar sozinho o porão e, pelo tamanho das teias, faz séculos que alguém não pisa lá.

– Bem, eu creio que madame Blanche deve ter exagerado um pouquinho, mas o caso é que se você quiser ter um lugar para morar, vai ter agora que trabalhar para mim. Aqui no albergue nunca damos esmola. Nem a sopa é de graça. Eu e o pastor acreditamos que a melhor ajuda para fazer uma pessoa deixar de ser carente é incentivá-la a se empenhar em se manter de pé, firme e sozinha. Uma sopa só alimenta o corpo, mas o trabalho alimenta o espírito, você não acha?

– Humhum! – concordou Caio. – Mas, afinal, o que madame quer que eu faça?

– Você ficará encarregado de levar algumas encomendas do pastor Samuel para algumas igrejas e missões que auxiliam as obras assistenciais do albergue – a assistente ficou a ajeitar os óculos que teimavam em fugir da vista. – Algumas delas são um pouco afastadas, mas, para um rapaz novo como você, acho que não vai ter nenhum problema, ou tem?

– Não tem problema. Eu me viro.

– Ótimo! É assim que eu gosto. Que tal começar agora mesmo?

– Agora? – Caio olhou para o relógio pendurado na parede. – Tudo bem, tudo bem. Eu vou fazer o mais rápido que puder.

A assistente já estava se dirigindo a um armário no fundo do escritório quando o homem de terno preto entrou na sala, cumprimentando Caio novamente.

– Ah, pastor Samuel – atendeu a senhora, destrancando o armário. – Já conhece o nosso mais novo colaborador, Caio Zip?

– Só de passagem – disse o pastor, reparando no rapaz que não parava de consultar o relógio. – Madame, viu os meus óculos por aí?

– Veja em cima da sua escrivaninha.

– Aha, aí está você, seu sumido – sorriu o homem, pegando os pequenos óculos redondos próximos a um aquário em cima de uma mesa. – Ah, madame, o que seria de mim sem a sua ajuda? – a mulher ignorou o pastor, continuando a verificar um material dentro do armário. O homem, desconcertado com a falta de resposta, cumprimentou Caio novamente e se retirou. Por mais que o pastor tentasse ser simpático, havia alguma coisa nele que deixava Caio se sentir incomodado.

– Aqui está – disse a mulher, segurando um embrulho amarelo e mais uma folha de papel. – Tome! Leve esse pacote para esse endereço aqui anotado e depois volte para a pensão, entendeu? – a senhora pegou umas moedas dentro de um vidro. – Pegue esses trocados para o bonde e volte cedo, viu? Não quero você andando por aí tarde da noite. Depois de tudo que você passou, é melhor se cuidar. Ah, espere um pouco – a mulher foi até o armário novamente. – Eu já ia esquecendo, aqui está uma coisa para você.

– Pra mim? – espantou-se Caio, pegando um casaco das mãos da assistente amável. – Puxa! Não precisava.

– Vista logo! Quero ver se ficou bom.

Caio tirou o casaco enorme que ainda vestia e colocou o outro com a ajuda da senhora.

– Ficou bom – Caio ajeitou as mangas que, finalmente, não cobriam a palma das mãos.

– Eu achei que você iria ficar melhor com esse do que com o casaco enorme que você pegou aqui no albergue.

– Eu já ia devolver – disse o rapaz, constrangido.

– Tudo bem, esquece. Esses casacos estão aqui mesmo para serem doados aos carentes. Não deixe de usá-lo sempre, está bem? Eu não quero vê-lo resfriado.

– Madame é muito boa.

– Que isso! Só faço a minha obrigação – a senhora, comovida, abriu a porta e foi guiando o agradecido. – Agora vá logo, antes que eu arranje mais serviço para você. E não se esqueça: não chegue tarde à pensão. Prometa!

– Tá, prometo.

6 - Picasso e seus amigos

Novamente o garoto pôs-se a correr pela cidade, parando às vezes, apenas para perguntar aos que passavam se estava no caminho certo. Não demorou muito e conseguiu chegar até a uma missão, cujo prédio principal era acessado por uma interminável escadaria. Entrando na sala de recepção, ele foi logo atendido por uma mulher que estava sentada atrás de um balcão.

– Bom Dia! – cumprimentou a mulher.

– Bom Dia! – retribuiu Caio, mostrando o embrulho. – O pastor Samuel e madame Dupin mandaram entregar esse pacote aqui.

– Ah, você é o rapazinho que ouvi falar? – Caio não respondeu. – Por favor – a mulher levantou-se. –, tire o seu casaco, deixe-o ali em cima e me siga – ela guiou Caio até uma sacristia. – Espere aqui. Vou chamar o padre Mateus.

– Mas não era só pra entregar o pacote?

– Não, só o padre pode receber.

Caio batia os pés não vendo a hora de sair dali, mas foi somente depois de quinze inacabáveis minutos de espera que o religioso de cabelos grisalhos apareceu.

– Bom dia, rapaz, em que posso ajudá-lo?

– Bom dia, eu só vim aqui entregar o pacote que o pastor Samuel mandou.

– Ah, está ótimo, meu filho, obrigado. Por favor, agradeça ao meu amigo quando o vir.

– Isso é tudo? – agoniou-se Caio. – Posso ir agora?

O homem, rindo do jeito afoito do adolescente, acenou a cabeça e fez sinal para ele sair. Caio, apressado, já estava na porta quando foi chamado pela secretária.

– Ei, garoto, esqueceu seu casaco.

Caio retornou, vestiu o contratempo e foi-se novamente com sua ansiedade desenfreada.

A recepção da pensão estava tranquila, naquela hora do almoço todos estavam na sala grande se servindo, mas Caio não encontrava entre os hóspedes a sua amiga Mary.

– Marine! – a mulher estava muito ocupada com os pratos. – Você viu Mary?

– Ela está na praça aqui em frente.

Caio foi para a pracinha, mas não viu ninguém. Vasculhando por um tempo, Caio escutou risadas perto de uma fonte e se dirigiu para lá. O inesperado aconteceu. Diante dele estava Mary, perto de um banco, que não parava de rir de Albert, às voltas com um par de patins presos aos sapatos por tiras de couro, lutando contra a gravidade.

– Mas o que é isso? – Caio indagou a Mary. – Onde Albert conseguiu isso?

– São meus – revelou a sorridente.

– Seus! Mas como pode ser?

– Qual o problema? – a jovem, aborrecida, colocou a mão na cintura.

– Nada – Caio ergueu as mãos, tentando reter o olhar de fúria. – É que fica difícil imaginar. Como é que você consegue patinar usando um vestido longo desses?

– Não é pior do que andar a cavalo montada de lado. Eu garanto. Mas, como tudo, a gente acaba se acostumando... Hoje em dia, sinto-me mais segura montando desse jeito do que escarranchada.

– De cavalo, patins... – Caio ficou radiante com os hobbies da amiga. – Tem mais outra surpresa?

– Também gosto de tênis e croqué, mas não levo muito jeito. No entanto, o que eu mais gosto é nadar. Lá onde moro tem muitas praias lindas. Vou até em dias de chuva. Com tempestades, então, é melhor ainda. Os patins, eu só ando no inverno, no píer lá perto de casa, quando está livre, fora da temporada dos concertos de música. Mas essa pista é bem melhor... Lá, a gente mais leva tombos do que outra coisa. E aí esses vestidos longos e cheios de anáguas nessa hora vêm a calhar.

– Mas, afinal, o que você está fazendo aqui? – reagiu Caio. – Você não ia à estação?

– Olá, rapaz – cumprimentou Albert ao passar por entre os dois, deslizando com o brinquedo. – Você tem uma amiga genial, sabia?

– Que bom – gritou Caio para o animado que se afastava.

– Caio – cortou Mary –, eu não pude ir à estação. A minha mãe cismou de que eu deveria arrumar as malas para voltarmos para casa.

– Você vai partir? Essa não! Quando?

– Não se preocupe assim. A minha mãe leva, no mínimo, duas semanas para arrumar tudo.

– E agora? Você vai desistir do caso?

– Calma! Eu não disse que ia desistir. Charlie foi à estação e deve estar de volta daqui a pouco – Mary ficou a reparar em Caio. – Que bom que você finalmente mudou de casaco. Aquele estava muito grande. Onde você conseguiu?

– Ah, foi madame Dupin que me deu.

– Éééééée! – ecoou a voz de Albert, dando voltas em uma árvore. – Eu adoro isso!

– E você pegou o jeito de primeira – gritou Mary.

– Que nada! Você é ótima professora – Albert parecia dopado com os giros rápidos. – Isso é muito bom. É como voar. É mais divertido que minha bicicleta. Já experimentou isso aqui, rapaz?

– Sim, já andei muito nisso.

– Verdade! – admirou-se Mary. – Você quer andar também? – Mary ficou a observar o homem feliz que se afastou um pouco. – Quem sabe quando Albert enjoar.

– Não, não precisa, valeu – agradeceu Caio, atento ao movimento da entrada da pensão. – Eu gosto mais de skate.

– Skate? O que é isso?

– É uma prancha de madeira com rodas.

– Prancha com rodas. Não parece ter graça.

– Pode acreditar, é demais!

Caio parou de conversar quando avistou o mensageiro descendo a rua. Aflito, correu até alcançá-lo.

– E então, Charlie, já descobriu algo lá na estação? – indagou o amigo ansioso.

– Iuhhuuuuuu! – passou Albert. – Isso é ótimo!

– O que foi aquilo? – ficou Charlie deslumbrado ao ver aquela figura a toda velocidade.

– Não liga, não – disse Mary, aproximando-se. – Eu estava ensinando o meu amigo Albert a andar de patins.

– Patins! Parece muito divertido. Você me ensina?

– Uôôôôôô! – retornava o brincalhão, agora tentando pular sobre uma pedra.

– Se ele deixar – Mary riu.

– Charlie, e aí? – Caio não escondia a ansiedade. – Conta como foi lá?

– Não foi. Eu não fiz nenhuma descoberta. O máximo que fiz foi dar uma passada na chefatura de polícia, e olha que foi difícil. Detesto policiais.

– E nada na polícia? – insistiu o nervoso.

– Não. Ninguém informou ter achado um corpo nas redondezas. Mas eu trouxe o que você pediu.

– Ah, isso é ótimo! – pegou Mary das mãos de Charlie um papel colorido, dobrado várias vezes.

– O que é isso? – disse Caio.

– É o mapa com as rotas dos trens. – explicou o mensageiro. – Aí também constam todos os horários dos trens daquela madrugada. – Charlie falou num tom mais amável. – Se quiser mais alguma coisa, Mary.

– Que prestativo – insinuou Caio com uma ponta de ciúmes.

– Isso vai nos ajudar muito – disse Mary, consultando o mapa. – Assim poderemos ter uma ideia melhor da região antes de fazermos nossa viagem.

– Que viagem? – estranhou Caio.

– Mary acha que seria interessante se nós três fizéssemos o percurso do trem de carga.

– É, Caio, desse jeito podemos descobrir mais coisas.

– E estamos planejando ir domingo de manhã – emendou Charlie.

– Domingo! – afligiu-se Caio. – Só domingo?

– Bom, eu não trabalho nesse dia e você, provavelmente, também não, já que agora não está trabalhando para a velha chata.

– Tem razão. Mas eu tenho medo que as pistas esfriem até lá.

– Mais do que já estão? – deu o mensageiro uma risada. – Impossível.

– Ora, Caio, que tolice – reclamou Mary, dobrando o mapa e colocando na pequena bolsa. – Hoje já é sexta. Eu, mais do que você, também quero ver no que isso vai dar.

– Cadê Albert? – preocupou-se Charlie, olhando ao redor.

– Ali está ele – apontou Caio para a frente da pensão onde Albert conversava com um grupo. Os três correram ao encontro dele.

– Como está, minha amiga? – saudou uma jovem com uma covinha no queixo num rosto comprido e cabelos de um loiro pálido, usando um enorme chapéu florido. A moça de sorriso meigo estava junto ao grupo de Max Jacob e seu amigo encrenqueiro da última madrugada, o pintor Pablo.

– Nina, o que faz aqui em Paris? – beijou Mary a loira.

– Ela está trabalhando comigo – respondeu Max, cumprimentando com o chapéu aos três. – Nina e eu estamos fazendo um artigo sobre uma exposição de carros.

– E seu marido? – indagou Mary de forma maliciosa. – Onde ele está?

– Está na costa do Canal da Mancha, fazendo uma cobertura sobre o arrojado modelo de aeroplano do brasileiro Santos Dumont, porém deve voltar ainda hoje.

– Um aeroplano com motor! Que coisa!

– É isso mesmo! Ele está fazendo experimentos para um aeroplano alçar voo sem balão nem gás, e muito menos sem ser alçado por uma catapulta.

– Mas já não basta o barulho desses carros, agora vamos ter que aguentar em cima de nossas cabeças?

– Fora o medo que a gente vai ter se o aparelho enguiçar? – riam as duas.

– Já conhece o meu pessoal? – interrompeu Max, apresentando o grupo a Albert. – Esta aqui é Gertrude Stein – Albert beijou a mão de uma mulher estadunidense corpulenta e atarracada com o cabelo preso até o último fio, mas que possuía, sem dúvida alguma, os olhos mais vivos e espirituosos do grupo ali reunido. – Este é o nosso poeta André Salmon – indicou o jornalista.

– Prazer – disse o homem de cabelos escuros e um pouco baixo, apertando a mão de Albert.

– Este é Pierre Dur, poeta – prosseguiu Max. – primo de Gertrude.

O primo era loiro, de olhos castanhos, um rapaz um pouco mais velho do que Caio. Depois de dar uma saudação a todos, ergueu as sobrancelhas de forma esnobe ao reparar no estranho de patins.

– E esta é a nossa Fernande – apresentou Max, segurando os ombros da jovem.

– Sua, não! – corrigiu Pablo, falando num tom alegre. – Essa é a minha Fernande – ele deu um rápido beijou nos lábios da jovem.

– Encantado – saudou Albert, muito interessado em Fernande. A jovem apenas esboçou um doce olhar, enquanto afastava o folgado pintor. Mary parecia enciumada ao ver as atenções voltadas àquela mulher de olhos tão verdes e cabelos endiabradamente ruivos.

– Chega de apresentações, meu amigo Max – cortou Gertrude, pousando a mão no ombro do jornalista. – Ninguém nunca lembra tantos nomes desse jeito. O que acham de todos nós irmos ao café para nos conhecermos melhor?

– Ótimo! – apoiou Pablo, pegando sua amada pela cintura. – O que estamos esperando?

– Vamos, sim – aceitou Albert ainda a flertar com Fernande.

– Você vai? – Nina incentivou Mary. – Leve seus dois amigos também. Vai ser muito bom colocar as conversas em dia. Estou morrendo de saudade de Torquay. Como estão todos?

– Estão bem.

– E o pessoal da dança? E sua irmã, ela se casou?

– Sim. Ela e James já têm filho.

– Tão rápido! Meu Deus! Como estou atrasada com as novidades. E Monty, como vai?

– Meu irmão está prestando serviço num regimento na Índia e também...

– Que tal as duas continuarem a falar sobre as novidades no café? – interrompeu Pablo, gentilmente.

– Sim, claro – ficou a ruiva, encabulada. – Eu só vou buscar o meu chapéu. Mas antes...

– Qual o problema, minha querida? – Albert percebeu que Mary estava querendo dizer algo a ele.

– Não seria melhor se você tirasse os patins, Albert?

– A minha cabeça... – Albert riu junto com os outros. – Está sempre fora deste mundo.

7 - Lembranças no Café

Lá foi o grupo animado subindo pelas escadarias do bairro em direção ao topo do morro, ao alto da escadaria da basílica de Sacré-Coeur, rica em vitrais. Sem dúvida, a maior atração daquele ponto da cidade era poder contemplar um mundo povoado por telhados que abrigavam todas as classes e raças. Mais afastada, despontava a recém-chegada Torre Eiffel que, após enfrentar muita controvérsia entre os habitantes, pois a achavam uma verdadeira forasteira, conseguiu obter residência fixa. Lá também se podia apreciar o melhor café de Montmartre, segundo Max.

Não foi fácil para os garçons acomodarem tamanho grupo, justo na hora mais movimentada. No entanto, o nome, Gertrude Stein, tinha o grande poder de abrir quaisquer portas de Paris.

Acomodados, Pierre Dur, o jovem poeta, puxou conversa com o suíço-alemão ao seu lado.

– No que trabalha afinal, monsieur...

– Albert.

– Albert? – o rapaz colocou a mão apoiada na bochecha. – Nenhum sobrenome?

– Só você se importa com isso – retrucou Pablo, já se servindo de uma tábua de queijos. – Trate bem meu amigo sábio.

– Sábio?

– É exagero de Pablo. – disse Albert. – Eu apenas me formei em Matemática e Física no Instituto Politécnico de Zurique.

– O quê? – Pierre Dur ficou confuso.

– Ele é um cientista – deduziu a estadunidense. – Essa instituição é uma das mais conceituadas, pelo que sei.

– Se gostam de rótulos, que assim seja. Sou professor e cientista – o estudioso irritado serviu-se de uma fatia de queijo Brie.

– Cientista! – ficou o arrogante impressionado. – E onde fica o seu laboratório?

– Aqui – mostrou Albert uma caneta tirada do bolso do paletó.

– Sei – desconcertado com a resposta, o rapaz rico virou-se para Caio. – E você, no que trabalha?

– Eu sou um viajante.

– Ah! Que interessante. E de onde você veio?

– Eu vim de um lugar que se leva muito tempo para lá chegar.

– Ah! E seus pais, o que fazem?

– Eles não estão vivos.

– Não? – disse Dur, segurando o queixo. – Então, quem está bancando a sua viagem?

– O destino, eu acho.

– Sei – Dur não disfarçou sua repugnância com a resposta e procurou outro alvo. – E você aí?

– Quem, eu? – Charlie olhava para os lados.

– Você é alguma espécie de garoto de recados?

– Sou mensageiro do telégrafo da estação – Charlie frisou com orgulho aquelas palavras. Sem demonstrar qualquer ressentimento, pegou uma taça de vinho tinto e mais uma torrada coberta de patê de foie gras e saudou o esnobe.

– Qual estação? – insistiu Pierre em tom de deboche.

– A Gare du Nord.

– Que pena. Pensei que talvez você trabalhasse na estação da Torre Eiffel. Sabe, li no jornal do meu pai que essa estação vai receber todas as informações sobre o andamento da guerra entre Rússia e Japão com a ajuda de um radiotelégrafo.

– Taí uma coisa que não entendo – introduziu-se André na conversa. – Como pode funcionar um telégrafo sem fio?

– Simples! – o cientista tomou um gole de vinho e explicou. – O telégrafo sem fio não é muito difícil de entender. O telégrafo comum é como um gato muito comprido. Você puxa o rabo dele em Londres e ele mia em Paris. O telégrafo sem fio é a mesma coisa só que sem o gato.

Todos riram, exceto Pierre Dur, que encarava secamente o cientista.

– Mais outra máquina – sussurrou Charlie a Caio, dando-lhe uma cutucada.

– Esse Dur vai ser duro de ensinar – previu Caio, preparando um sanduíche.

– Não basta ensiná-lo, temos que provocá-lo – murmurou o professor.

– Tá certo – argumentou Charlie. – Uma máquina é ensinada, mas gente de verdade tem que sentir na pele. Só assim consegue criar alguma coisa.

– A arte provoca – definiu Pablo, bebendo vinho tinto.

– Demasiado para o meu gosto! – disse Nina, aborrecida. – Às vezes fico chocada com o que vejo por aí. É tão...

– Inovador? – presumiu o artista.

– Bizarro, eu diria – definiu a jornalista, tomando chá.

– Mas o que você sente? – instigou o pintor. – O que faz você dizer isso?

– Eu não sei. Às vezes, sinto um nó no estômago. Algumas pinturas que vejo desses pintores que ficam espalhados aqui em Montmartre são tão esquisitas. Até parece que alguns deles enxergam tudo pelo avesso. Eu não entendo a arte de hoje em dia.

– Você é sincera – sorriu Pablo. – A partir dessa qualidade você tem uma boa base para começar uma relação mais... – Pablo fez uma leve pausa, beijou na mão da casada e depois prosseguiu com uma mais sedutora. – mais íntima com a arte.

– A gente só aprende quando sente – disse Albert. – Eu só consigo aprender quando me sinto apaixonado pelo que estou estudando.

– É isso mesmo – admitiu o pintor, abraçando a enciumada. – Na escola, aborrecia-me quase sempre e aí eu ficava rabiscando os livros e cadernos, fazendo desenhos e mais desenhos.

– É um erro acreditar que o prazer de aprender possa ser desenvolvido à força – desabafou Albert, comendo mais uma fatia de queijo.

– Eu também sinto isso – apoiou Mary, servindo-se de chá frio acompanhado de uma fatia de bolo com farta camada de creme de leite enfeitada de castanhas. – A única coisa de que não gosto de jeito nenhum são das aulas de pintura. Nunca consegui enxergar os tais sombreados. A arte foi-me imposta com o hábito de me fazer marchar junto com as outras moças até as galerias de arte, querendo ou não querendo ir. Quando não se têm olhos preparados ou sensibilidade artística, a semelhança entre os grandes mestres é muito deprimente. Não se percebe as diferenças, às vezes sutis, entre os grandes mestres. Parece que todos eles têm uma espécie de obscuridade brilhante cor de mostarda. Já com a música foi diferente. Tanto o piano quanto o canto aprendi com minha mãe. O resto eu aprendi muito com a minha nursie...

– Quem? – estranhou Caio.

– Ah! Era assim que eu chamava a minha ama-seca, minha grande parceira de brincadeiras. Ela me ensinava com tanto carinho que eu nem notava que estava tendo aulas de verdade.

– Que pena que ela foi embora – lamentou Nina. – Eu gostava quando ia à sua casa e pegava nursie lendo Peter Pan, Cinderela... E você adorava encenar *Alice no País das Maravilhas*... Lembra como ficávamos horas representando?

– Isso é bom – disse Caio, pegando um pedaço de mousse de chocolate. – Quem me dera se eu tivesse alguém pra ensinar desse jeito. Eu não gosto de escola. Acho que a única coisa que aprendi lá era que tinha de me esforçar para passar de ano e assim não levava bronca.

– Eu entendo vocês – assentiu Albert, embriagando-se com as suas lembranças. – Eu também tive dois tios que estimularam meu fascínio pela matemática e a ciência, mas a única coisa que interferiu no meu aprendizado foi minha educação com aquele método aborrecido e mecanizado. Quanta coisa para decorar em Geografia e História! Quando me lembro daqueles sargentos educadores na Alemanha... Apesar de sempre tirar o primeiro lugar em matemática, meu professor de grego, que para meu azar também era o diretor da escola, disse que eu não seria nada, só por que eu era ativo e questionador demais...

– Eles acham que isso é ser rebelde – destacou Caio.

– É isso mesmo. Eles gostam de máquinas que ficam balançando a cabeça. Acabei sendo reprovado sem terminar o ginásio. Fui também reprovado na minha primeira tentativa para entrar no Instituto Politécnico.

– Você foi mal em matemática, não é?

– Quem disse isso? – perguntou o suíço-alemão, boquiaberto, procurando ao redor. Caio, constrangido, levantou devagarinho a mão. Albert respondeu num tom calmo. – Rapaz, eu nunca fui mau aluno em matemática ou física. O meu problema sempre foi com minha memória ruim. Em tudo o que exigia raciocínio eu era ótimo, mas quando se tratava de decorar, aí era o meu terror. Eu não consegui entrar no Politécnico por causa das inúteis provas de química e biologia... e do meu sofrível francês.

– Que droga! – comentou Caio. – Atrasou seu estudo por causa dessas matérias.

– Ah, mas até que foi bom – suspirava Albert. – Apesar de ter sido reprovado, o diretor Herzog ficou muito impressionado com o meu desempenho em física e matemática e sugeriu que eu passasse o resto do ano letivo frequentando a escola secundária em Aarau. Não tive dúvida, fui para lá, aluguei um quarto na casa do diretor da escola, monsieur Winteler, e comecei a estudar... A pequena escola suíça era a mais encantadora que já vi... – os olhos de Albert brilhavam. – Esse foi o primeiro lugar em que me senti feliz. Como me sentia livre! Cheguei até a improvisar no piano. Foi muito bom. Ah! E o laboratório de física... Tudo novo. Ajudou-me bastante para começar a desvendar os mistérios da luz e da eletricidade. Foi lá que me imaginei correndo ao lado do raio de luz... Fiquei a pensar qual seria o aspecto da luz. Será que se eu emparelhasse com ela, ela pareceria em repouso, pareceria... Congelada?

– Que ideia mais tola – implicou Dur.

– Que maravilha! – prosseguiu o saudosista, ignorando Dur. – Como uma escola, que nos deixa livre para criar, pode fazer tanta diferença. Era como se eu pudesse voar.

– Eu nem sei o que é uma escola – declarou Mary. – Nunca fui a uma.

– Nunca! – admirou-se Caio.

– Não uma de verdade. Minha família foi minha escola. Com o pouco dinheiro lá em casa, minha mãe acabou cuidando da minha educação. Mais tarde fez um acordo para eu frequentar uma escola lá perto de casa apenas duas vezes por semana. Só agora, aqui em Paris, é que frequentei mais tempo, porém não tenho do que me queixar. Minha mãe me ensina até hoje.

– Que sortuda – comentou Caio.

– Tadinha – ficou rindo Pierre Dur. – Mas isso é o habitual. Enfim, para que as meninas precisam ir à escola? Só se for para arranjar marido, é claro. Já eu, por exemplo, frequentei as melhores escolas da Europa.

– É mesmo? – provocou Caio. – Se é assim, por que você não nos mostra o que aprendeu lá, como, por exemplo, suas boas maneiras?

– Sei – debochou o arrogante –, pois fique sabendo, rapazinho, que você não passa de um perfeito idiota.

– Sei – imitou Caio o tom de Dur –, ninguém é perfeito, a não ser talvez você, que é uma máquina que só sabe gastar dinheiro do papai – apesar de irritado, Dur apenas se encolheu na cadeira sob o olhar de satisfação da prima Gertrude que proseava com o poeta André.

– Me diga uma coisa, Mary? – prosseguiu Charlie. – Estou curioso. Como ele era?

– Quem?

– Seu pai. Como ele era?

– Ele morreu quando eu tinha doze anos, mas ele chegou a me ensinar aritmética e também me ensinou seu modo alegre de ver a vida, mesmo quando estava falido. Como foi difícil para minha mãe cuidar das dívidas. Ela nunca tinha se envolvido com negócios antes, mas, apesar disso, tinha muito bom senso. Ela bem que queria vender nossa casa, em Ashfield, e comprar uma casa menor para nós duas morarmos, mas eu e meus irmãos imploramos tanto que conservasse a casa de nossa infância que acabou cedendo. O marido da minha irmã até se ofereceu para ajudar com alguma soma... Hoje, vejo que fomos tolos sentimentais. Dá muito trabalho manter uma casa como aquela, ainda mais sem os empregados.

– É – disse Charlie, girando o copo deitado. – Sua vida foi boa.

– Como assim? – Mary ficou a observar o entristecido.

– Eu também perdi meu pai aos doze... Por causa da bebida. Perder! Ha! Ele já tinha abandonado a mim, quando nasci, a minha mãe e o meu meio-irmão Syd – Charlie ficou a olhar o garçom servindo mais uma garrafa para o grupo. – Ele, antes da bebida, era um sujeito bom, acho. Bem, ele chegou a reconhecer Syd como filho oficialmente, coisa que o primeiro marido da minha mãe não fez... Isso deve contar alguma coisa.

– Nunca o viu? – perguntou Caio.

– Eu só o vi mais tarde. Minha mãe era cantora, mas perdeu a voz. – Charlie voltou a brincar com seu copo. – Com ela sem emprego, nós três fomos viver em um asilo, depois em orfanatos. Ela acabou ficando muito doente lutando contra a miséria e foi parar em um manicômio. Eu e Syd também dormíamos lá, em um cômodo apertado que nos arranjaram. Mas depois... Sem pai e sem mãe, um assistente social decidiu me mandar para um orfanato sozinho.

– Sozinho? – preocupou-se Mary. – E seu irmão?

– Syd tinha ido para a Marinha. Aqueles policiais aparvalhados. – riu Charlie. – Eu cheguei a passar por debaixo das pernas deles pra tentar escapar. Um deles derrapou de bunda no chão. – Charlie deu uma pequena gargalhada com as cenas do passado que iam sendo projetadas na borda do vidro transparente, apenas vistas por seus olhos. Por fim, um suspiro foi apagando a breve satisfação daquele rosto que mais parecia de um garotinho matreiro. Sua testa foi franzindo com o pesar da zanga das outras lembranças que iam emergindo em cacos daquele copo vazio. – Como eu gritei para me largarem quando me arrastaram até a carroça, mas não adiantou. No final, eles me levaram e me prenderam no orfanato por um bom tempo. Eu e Syd chegamos até a morar com meu pai, mas o gênio dele... A mulher dele nos tratava tão mal... – o ator fez uma pausa amarga, mas logo se recompôs. – Uma das coisas boas de que me lembro do meu pai foi sua ajuda na comemoração dos meus oito anos, contratado numa companhia de bailarinos. Aprendi muito lá, mas a minha verdadeira escola foi a minha mãe. Sem ela, acho que jamais aprenderia a amar o palco. Às vezes, ela ficava horas à janela olhando para as pessoas na rua e reproduzindo com as mãos, com os olhos, com seu rosto, tudo o que se passava lá embaixo. Foi observando-a assim que eu aprendi não só traduzir as emoções com minhas mãos e meu rosto, mas, sobretudo, a conhecer o homem.

– Eu também estou aprendendo a traduzir as emoções com as mãos, mas na pintura – apoiou Pablo.

– Engraçado – disse Albert, passando a mão no queixo. – Com as mãos, eu só aprendi a tocar o violino. Adoro tocar. Pena que sou o único que o aprecia quando executo. É, acho que executar é o termo correto.

– Acho que todos nós somos artistas neste palco da vida – deduziu Charlie mais animado.

– Bom – Max finalmente participava da conversa. –, como artista eu não sei. Com a mão eu escrevo meus artigos, e garanto, bem ou mal, é melhor do que vender minhas pinturas. – riu o jornalista para o pintor espanhol – Quando me lembro daqueles dias que dividíamos um quarto, hein Pablo? Quanta miséria, quanta tristeza.

– É – acenou o pintor, confirmando. – Eu pintava segurando um pincel em uma mão e na outra tinha que ficar segurando um toco de vela. Que tempo! Cheguei a queimar minhas pinturas de tanto frio que fazia naquele quarto.

– Nem dava para cozinhar – enfatizou o parceiro de quarto.

– Mas até que essa época não foi tão ruim – Pablo tomou mais um gole e bateu o punho na mesa. – Antes disso, sim, foi pior, quando cheguei a ter lindos móveis, especialmente a cama...

– Ué! – não entendeu Caio. – E essa época foi ruim?

– Claro, amorzinho – brincou Fernande, colocando os braços em volta dos ombros do amante espanhol. – Se você gosta de dormir numa cama linda pintada na parede...

– Eu pinto coisas belas como você, minha querida – deu-lhe Pablo um beijo quente, deixando Nina e Mary constrangidas.

– E você, Gertrude – Albert chamou a mulher pensativa à discussão. –, o que gosta de fazer?

– Eu escrevo também – contou Gertrude, soltando uma baforada de seu cigarro. –Tento traduzir as emoções com as mãos, mas acho que sou a única que, para isso, teve de deixar de usar as mãos no ramo da medicina.

– Arrependeu-se? – olhava apreensivo o suíço-alemão.

– Penso que não tem valor salvar somente o corpo – disse ela, séria. – Existe a consciência, não é?

– E que consciência! – afirmou eufórico André. – Gertie sabe muito bem como atear as chamas das reflexões, mas também tem a valiosa consciência de investir em artistas iniciantes na sua promissora carreira... Como nosso Pablo aqui.

– Escrever... – suspirou Mary. – Para mim, isso é tão difícil. Todos os dias eu sou obrigada a aprender ortografia de páginas inteiras, porém, mesmo assim, permaneço cometendo erros. Tenho cadernos cheios de garranchos e cheios de linhas de letras B e R que tenho dificuldade de diferenciar. Eu só aprendi decorando as imagens das palavras.

– Eu também troco letras – admirou-se Pablo.

– Então somos três – compartilhou Albert. – É por isso que só consigo pensar pondo pensamentos em forma de imagens.

– É assim comigo! – ficou o artista estupefato. – Como temos coisa em comum, meu amigo. Vejo tantas imagens na minha cabeça.

Albert mirava no canto onde havia quadros de diversos artistas impressionistas ali pendurados.

– Assim como o pintor desvenda a verdadeira realidade, eu revelo a minha através da matemática.

– Matemática – animou-se Mary. – Essa é uma matéria que sempre me fascinou. Suponho que se eu tivesse a chance de estudar mais... Acho que se eu pudesse, ficaria o resto da vida só estudando matemática e piano.

– Matemática! – Caio fez cara de zanga. – Esse bicho vive me perseguindo. Eu não sou bom nisso.

– Não se preocupe, Caio, sobre suas dificuldades com a matemática – disse Albert – Eu asseguro que as minhas são maiores.

– Se é assim, para que existe essa coisa? – reclamou Dur.

– Ora! – esclareceu o cientista. – O princípio criativo reside na matemática. É a melhor forma de conhecer o Universo. Já que não posso velejar pelo Universo como gostaria, a música é o meio que tenho para soltar as amarras da vida tumultuada daqui da Terra; e a matemática faz com que eu possa desbravar mundos que jamais verei com os meus olhos.

– Com relação à música – continuou o jovem poeta –, eu até entendo que ela nos faça relaxar e até viajar, mas matemática! Francamente, isso é uma verdadeira âncora.

– Que isso, Pierre – reclamou Pablo. – Logo você, um rapaz que estudou em tantas escolas importantes, não sabe que a música e a matemática possuem uma relação íntima?

– Como assim, íntima? – interessou-se Gertrude com uma expressão de malícia. – O que você está insinuando?

– Ora, Gertie, ambas possuem o desejo ardente de exprimir a maior necessidade de nossa alma: o contato sem fim com o universo.

– Bom, companheiros – falou Max, levando-se. – A conversa está deveras animada, mas já está na minha hora. Vamos lá, Nina? A redação fecha daqui a uma hora.

– Tão cedo? – lastimou o amigo espanhol.

– Cedo nada, meu amigo. Não tenho a sua sorte de fazer a própria hora, tenho que entregar logo o artigo. Ademais, não estou mais a fim de aguentar o mau humor daquela velha da pensão nas minhas costas cobrando todo dia os atrasados.

– Não seja por isso, Max, eu dou mais um dos meus quadros para ela.

– Que memória a sua, Pablo. Esqueceu o que aquela unha de fome disse para a gente? Ela não aceita mais.

– Eu também vou indo – despediu-se Charlie. – Preciso voltar à estação.

– Me avise se tiver alguma novidade – pediu Caio.

– Pode deixar comigo – riu o mensageiro atrasado, já saindo do café.

8 - As modelos

O tempo passou e o grupo sem a presença de três componentes se pôs novamente a andar pelas ruas de Montmartre. Ao passar pelas escadarias da Rua Gabrielle cheias de crianças brincando, o pessoal teve a surpresa de se deparar verdadeira festa para os olhos. Havia uma feira onde várias carroças estavam estacionadas à frente das lojas com vitrines ostentando letreiros pintados à mão. A competição entre os feirantes e a padaria da região era cerrada. Não se sabia qual era o perfume ou o colorido que atraía mais toda aquela gente que ziguezagueava por ali. Se era da padaria que exalava o cheiro mesclado dos pães, salgados e doces, estes últimos confeitados com açúcar colorido; ou se era o perfume e o contraste de tonalidades que emanava das flores de campo colhidas. A fusão de aromas vindos da grande variedade de frutas frescas não ficava atrás, assim como seu colorido apetitoso.

Enquanto todos saboreavam todo aquele esplendor com olhos famintos, o pintor espanhol, com sua aguçada visão, tentava saciar seu desejo por aquelas figuras e formas perfeitas fazendo alguns esboços numas folhas pardas que pegou da única carroça que vendia peixes. O pessoal, sem tentar resistir, foi se entregando à gula. Gertrude comprou uma cesta e foi bancando os desejos da turma, enchendo com cachos de uvas, bananas, maçãs, uma melancia, limões... E o pessoal, agindo como criança mimada, pedia mais e mais.

A festa da fartura só foi encerrada com a tempestade que surgiu de repente.

Correria e mais esbarrões trocaram de lugar com a tranquilidade.

– Venham por aqui – indicou Pablo o final da rua.

– Onde estamos indo? – perguntou Mary, protegendo-se da chuva com seu paletó.

– Venha logo! – acenou Fernande.

Caio, correndo atrás de Pablo, viu que estavam se dirigindo para o início da Rua Ravignan, entrando numa espécie de cortiço contendo diversas casas velhas e depredadas. A água da chuva repentina se infiltrava pelas fendas dos telhados quebrados. Os pobres moradores, como que ensaiados, tratavam de trazer bacias para debaixo das goteiras que a cada chuva aumentavam mais e mais.

– Que lugar é este? – estranhou Albert, adentrando junto com os outros num prédio escuro. – Estamos na pensão?

– Mas é claro que não – espantou-se Mary. – Não notou por onde temos caminhado?

– Francamente, minha querida, eu não sei onde estamos. Lembrar onde estou ou como é o local onde moro é sempre muito difícil para mim. Por isso, vivo colocando bilhetinhos no meu bolso.

– Mas como pode confundir-se desse jeito! Esse lugar não tem pracinha, não tem postes... Nem tem calçada!

– Mas que lugar mais assombroso! – vibrou Caio. – Quem mora aqui?

– Eu, Fernande e mais cinquenta pessoas – respondeu Pablo.

– O aluguel daí é caro? – indagou Albert.

– Daqui! Que nada! – informou Fernande. – A gente paga 15 francos por mês.

– Puxa! Eu pago isso por uma semana na pensão.

– Fica barato sem móveis, sem gás, sem calefação, sem esgoto, sem luz elétrica...

– Que sem nada é esse, Fernande! – reclamou o amante. – Como não temos nada? Você esquece que temos uma latrina para os 24 cômodos? – Pablo cutucou o amigo Albert. – É uma verdadeira pechincha, não acha?

– Esse lugar é tão perfeito quanto o nome que Max deu a esse lugar: *Bateau Lavoir* (barco lavadouro) – revelou André.

– Não poderia ser melhor – sorriu Gertrude. – Isso aqui é igualzinho às barcaças velhas de madeira que a prefeitura cede às lavadeiras.

– Está sendo boazinha, prima – disse Dur, agitando um lenço no ar –, esse lugar deveria ser interditado. Olha só esse teto todo podre! Isso aqui pode desmoronar a qualquer momento. Será que tem algum lugar seco por aqui? Meus sapatos italianos já estão uma lástima.

O grupo foi passando pelas goteiras até pararem ao pé de uma escada de madeira apodrecida onde havia uma grande pia com torneira enferrujada. Sem ninguém esperar, Pablo avançou sobre a amada e a beijou com ardor. Assustada com aquela inesperada demonstração de afeto, ela o empurrou.

– Que deu em você? – disse ela.

– Mas como o que deu em mim? Então não foi num dia parecido com o de hoje que eu a encontrei bem aqui, na frente dessa pia? Não se lembra, meu amor?

– Eu quero um lugar quentinho, Pablo – pediu André, encolhido no único lugar que não gotejava. – Eu não estou ardendo de paixão como você para aguentar esse frio. Tenha dó.

– Pablo! – gritou uma mulher de olhos grandes com rosto angelical acompanhada por um homem de cabelos e olhos escuros de terno cinza.

– Alice, minha bela? – beijou Pablo o rosto da mulher. – Onde é que você estava todos esses dias? Olá, Maurice! – cumprimentou o pintor ao homem de cabelos escuros que acompanhava Alice.

– Olá, Pablo – saudou o homem, acenando com a cabeça para todos e depois fez questão de beijar e cumprimentar Gertrude. – Como vai, madame.

– Monsieur Princet, como tem passado?

– Muito bem, madame.

– Está gostando da vida de casado?

– Não sei ao certo – o homem fitava a esposa com os braços em volta do pescoço do artista. – Se não fosse pela promoção lá do trabalho, eu preferiria do jeito que estava.

– Uma hipocrisia essa história de que homem casado é mais confiável do que um solteiro vivendo com sua amante. O que importa é sua competência e não sua vida particular.

– Tem razão, Gertrude. Aceitar essa imposição só para ter uma promoção foi covardia da minha parte. Temo que isso possa afetar nosso relacionamento.

– Mas, Alice, me diga afinal onde você estava? – continuou Pablo a conversa com as modelos.

– Estava por aí, meu amor. Eu finalmente consegui um trabalho para posar e vim aqui para ver se Fernande não estaria interessada em trabalhar também.

– Onde? – indagou Fernande.

– Você não vai acreditar – disse a modelo, dando pulinhos. – Eu consegui um trabalho para nós duas no estúdio de Jean Duarte.

– O fotógrafo?

– Sim, sim – confirmou Alice, vibrando. – O que acha?

– Esse nome... – sussurrou Mary para Caio. – Eu já ouvi em algum lugar.

– Ele é um dos hóspedes lá da pensão – lembrou Caio.

– É isso – a garota estalou os dedos. – Como pude esquecer. Ele é tão simpático.

– E então, Fernande – insistiu a outra modelo. – Você vai ou não?

– Vou, sim! Para quando é?

– Ele quer que a gente comece ainda hoje e pode ser que o trabalho dure umas duas semanas. O que acha?

– Perfeito.

– Então vamos logo.

– Suas traidoras! – irritou-se o pintor, impedindo a passagem das duas apressadas. – E quanto a mim? Vão trocar minhas pinturas por um punhado de fotografias sem graça.

– Que isso, Pablo – Fernande derramava uma voz melosa, abraçando o amante. – A gente não está trocando você por ninguém. E as fotografias não são sem graça.

– Claro que não – defendeu Alice. – Duarte paga e no mesmo dia... Ah! E como ele paga bem – irritou Alice o pobre pintor. – Vamos, querida?

Fernande se despediu com um beijo na testa do aborrecido e se foi pelas ruas encharcadas com a amiga modelo.

– É – disse o sujeito de terno cinza. – Parece que ficamos sem nossas garotas.

– Sem garota, sem absolutamente nada. – resumiu Pablo, reparando o prédio em ruínas.

9 - O Espaço-tempo

Pablo tirou o casaco e ficou a procurar a lamparina e as velas. As chamas difundiam um toque de mistério naquele pequeno ateliê que aos poucos revelou seus recantos. Da escuridão, veio um colchão sobre uma simples cama de ferro perto de um fogão enferrujado encostado numa parede mal pintada. Uma bacia cor de terra surgiu entre um piscar e outro das chamas das velas em cima de uma pequena mesa. Havia também várias cadeiras simples de madeira e mais um tronco que servia de assento. Em telas de tamanhos diversos, ardiam pinturas vivas que se alastravam como fagulhas naquele ambiente úmido e triste. Os tubos de tinta e pincéis espalhados no chão compunham uma instigante cena onde se podia facilmente imaginar que, a qualquer momento, seriam erguidos por uma mão invisível e assim poderiam continuar a produzir mais alegria ao lugar. Sem dúvida, a luz vinda das velas, da lamparina e do entardecer alaranjado sobreposto com nuvens púrpuras eram capazes de iluminar com toda intensidade as emoções sem limites concebidas por aquele mundo de Pablo.

De uma pequena gaveta, surgiu o pequeno morador daquele mundo mais real e vivo do que a sóbria realidade acobertada pela repentina tempestade.

– Ele fica o tempo todo aí? – questionou Mary. Pablo tirou o ratinho branco da gaveta e o colocou nas mãos carinhosas da jovem.

– Ele gosta – disse o pintor.

– Meu irmão criava ratos brancos.

– E, você, não tem nenhum bichinho, querida?

– Eu tenho um cachorro chamado Tony. Estou com tanta saudade dele...

– Nossa! – assombrou-se Albert, olhando ao redor. – Este lugar me faz lembrar tanto a "Academia Olímpia".

– Como esse lugar pode lembrar uma academia? – surpreendeu-se Maurice.

– Não é bem uma academia – explicou o estudioso. – Era assim que eu e meus amigos chamávamos nossas reuniões ora na casa de um, ora na do outro... A gente vivia mal. Só tínhamos uma salsicha, uma fruta e olha lá, hein – ria Albert. – Mas isso não importava. O que a gente adorava era a liberdade que nossa Olímpia nos dava, ao contrário daquelas academias pomposas e indigestas. Lá podíamos ficar à vontade para trocar ideias sobre o que viesse à cabeça. Eu podia tocar violino até de madrugada, podíamos falar livremente sobre política. Líamos e discutíamos sobre filosofia, como Platão, Spinoza, Kant, Schopenhauer e obras de Charles Dickens...

– Eu gosto muito das histórias de Dickens – ficou Mary animada. – Minha mãe e eu líamos sempre antes de dormir.

– Eu também gosto – Albert estava distraído. – Assim como também era saboroso ler as teorias de Hertz, Ampère e Poincaré...

– Poincaré! Eu li o livro dele: "Ciência e Hipótese". Então, você gosta de ciência? – entusiasmou-se Maurice.

– É uma das minhas paixões.

– É formado?

– Estudei Matemática e Física no Instituto Politécnico de Zurique.

– Estudou no Politécnico! – Albert ficou cabisbaixo. Sua expressão confessava o seu receio de que o tal Maurice Princet era mais um que se importava com títulos e mais títulos. – Eu também gosto muito de matemática, mas... – ficou um pouco temeroso o francês. – Eu só tenho a matemática como hobby.

– Então você tem tudo, meu colega – vibrou Albert, aliviado. – Se pensa que eu aprendi alguma coisa lá, está bem enganado.

– Deu para notar – comentou Dur, logo censurado pela prima que lhe deu uma cotovelada.

– Aqueles professores só sabiam gritar e ler livros inteiros em voz alta – continuou o suíço-alemão a falar sem ter levado em conta a pequena interrupção. – A única coisa que aprendi lá foi o caminho da biblioteca, onde devorei todos os livros que pude e, o mais importante: conheci minha amada Mileva.

– Uma mulher no Politécnico?

– Mileva foi uma das poucas mulheres a ingressar lá. Sem dúvida arranjei uma grande companheira em todos os sentidos. Um estudo a dois é bem mais produtivo. Isso eu garanto. – riu o enigmático galanteador.

– Nunca pensei que fosse desse jeito – decepcionou-se Maurice. – Pensei que num lugar como o Politécnico só haveria discussões criativas e liberais... Mas você, assim mesmo, trabalha como professor, não?

– Só dei algumas aulas particulares e, atualmente, trabalho no departamento de patentes de Berna.

– Esse trabalho deve ser entediante, não?

– Até que eu pensava assim, mas hoje em dia vejo que é uma benção, pois me dá tempo livre para imaginar... – Albert ficou a olhar para Mary e Caio.

– Tomara que essa chuva passe logo – afligiu-se Mary, olhando pela janela que estava por uma dobradiça para se desprender da moldura podre.

– Tem que dar para viajar no domingo – pensou alto Caio. – Esse tempo ruim não pode durar até lá.

– Qual de nós é um viajante do tempo? – soltou inesperadamente Albert a questão.

– O quê? – murmurou André, servindo-se de uma garrafa de vinho em cima da mesa. – Do que está falando, homem?

– O tempo. O que sabemos sobre o tempo? – insistiu o cientista de pé, passando perto da janela. Caio permaneceu quieto. Seu coração batia agitado com aquela conversa. – O tempo passa por nós ou nós por ele?

– Viajante do tempo, gosto dessa ideia – animou-se Pablo.

Caio continuou tenso.

– Eu sei – respondeu Gertrude. – O tempo é como um rio e nos leva pelas suas águas.

– O tempo passa, professor. – emendou André, acendendo um charuto. – Para mim, passa muito devagar durante o dia e muito rápido à noite, e quando nos olhamos no espelho vemos que ele nos levou nossa juventude.

Albert ficou em silêncio até notar que a garota ruiva, sentada ao lado de Caio, ergueu o braço timidamente.

– Sim – sorriu Albert. – O que quer?

– Nós passamos pelo tempo. Todos nós somos viajantes do tempo, não é isso? – respondeu a garota, um pouco sem jeito.

– E por que você acha isso?

– Pelo que vejo, sem o tempo não poderíamos nos mexer e ir a lugar nenhum.

– Humm! Uma resposta simples, mas precisa – elogiou Albert. – Num certo sentido, somos todos viajantes no tempo. Viajamos para o futuro, mas para cada um ele passa de modo diferente. Era exatamente esse ponto que eu queria chegar. – Caio respirou fundo, despreocupado, enquanto o professor insistiu no assunto. – Na realidade, o que a gente entende como tempo nada mais é do que uma dimensão. Vocês já ouviram falar do livro "A Máquina do Tempo"?

– Eu já li – disse Caio, pegando uma fruta na cesta. – É o livro de H. G. Wells.

Ah! Eu conheço... – interrompeu Maurice, aceitando um copo oferecido por Pablo. – Ele dá uma ideia muito boa sobre o tempo. Nele, o viajante do tempo pergunta para uns amigos: pode existir um cubo instantâneo?

– Como um cubo instantâneo? – questionou Pablo, passando a garrafa na testa.

– Nenhum dos amigos do viajante também entendeu – prosseguiu Maurice, tomando um gole de vinho. – Então, o viajante respondeu com outra questão: pode um cubo, que não dura por nenhum momento sequer, ter uma existência?

O pessoal da sala ficou pensativo, um olhando para o outro. André, depois de pegar seus óculos em cima da mesinha ao lado, ficou de pé fazendo anotações num bloquinho. Maurice voltou à conversa.

– Durante a história, o viajante dá a resposta: não basta que o cubo tenha largura, altura e comprimento. O cubo só vai existir se tiver também a quarta dimensão: o tempo. Senão, como a própria mocinha aqui perguntou: como poderíamos movimentar-nos no espaço? Nós temos que saber quando esse cubo existiu ou existe ou existirá.

– Mas o tempo não é uma dimensão? – discordou Dur, sentando-se ao lado de Gertrude. – Que negócio é esse?

– Calma, Dur – interrompeu Gertrude, apoiando a mão no ombro do rapaz nervoso. – Acho que entendi o que Maurice quis dizer. Veja bem, se eu convidá-lo para uma festa, vai ser suficiente você saber que será na esquina da Rua Fleurus com a Rua Guynemer no 2º andar?

– Mas é claro que não – respondeu o primo da escritora com os olhos arregalados. – Que pergunta tola.

– Por quê?

– Ora, por quê? – riu Dur, olhando para o resto do grupo. – Você não disse a que horas vai ser.

– Então, além de dizer a posição no espaço, ou seja, onde será a festa, eu tenho que dizer quando será.

– Isso! – empolgado, Albert derramou um pouco de vinho no chão sem perceber. – As duas primeiras informações indicam aonde ir, a posição na superfície da Terra, e a terceira informação, o andar, indica a que altura você deverá subir, mas a hora informa quando você deve estar lá. Três coordenadas relacionadas ao espaço e mais uma relacionada ao tempo. Quatro coordenadas, quatro dimensões.

– Cubo instantâneo – Pablo ficou pensativo e depois decidiu fazer anotações num caderno.

– Essa ideia é inspiradora – disse Maurice, andando pela pequena sala. – E se o tempo pode ser analisado como uma quarta dimensão, então Wells estava certo em considerar a existência de um novo conceito chamado de espaço-tempo no livro?

– Que coisa, genial! – o pintor rabiscou um grande cubo no caderno. – Isso quer dizer que se temos uma quarta dimensão... Isso me abre novas perspectivas. Gostei!

– Que bom que acha isso, Pablo. Sempre te disse que achava que o estudo feito pelos pintores clássicos é uma ilusão de ótica.

– O motivo de termos três dimensões de espaço e uma dimensão de tempo, ou melhor, espaço-tempo, pode estar no modo como funciona a gravidade – raciocinou Albert, pegando um cachimbo no bolso do terno.

– Como assim? – interessou-se Caio.

– Uma das bases da Teoria de Poincaré é o fato de a gravidade poder afetar o tempo.

O grupo ficou em silêncio. Pareciam atordoados com aquela 'viagem' do físico que, deixando o cachimbo no canto da boca, aproximou-se da cama e a arrumou até ficar com o lençol bem esticado.

– Tempo e espaço não são coisas estáticas. O tempo e o espaço são relativos – disse Albert.

– Como o espaço é relativo? – indagou Dur.

– Poincaré – explicava o cientista, acendendo o cachimbo. – uma vez imaginou a seguinte experiência: Suponha que enquanto você dormisse... O universo todo, você, a cama... Absolutamente tudo tivesse aumentado mil vezes. Quando você finalmente despertasse, sentiria alguma diferença?

– Claro que não – irritou-se Dur.

– Por que não?

– Eu não teria como saber.

– Você não teria como comparar. Não teria sentido dizer que o Universo está maior porque não teria como comparar com algo menor. Então o conceito de tamanho é um conceito relativo.

– Está bem, eu entendi, mas quanto ao tempo?

– O tempo é dinâmico – prosseguiu Albert, servindo-se de mais um copo. – Tudo está em perpétuo fluxo.

– O quê?

– Ninguém pode entrar duas vezes no mesmo rio – desabafou Caio. – As águas de ontem não são as mesmas de hoje. Novas águas estão sempre fluindo.

– Exato – concordou Albert, virando–se para o promissor aluno. – Que interessante. Você conhece Heráclito?

– É, eu o conheci bem – respondeu, animado. – Ele me deu ótimos conselhos.

– É mesmo? – sorriu o professor. – Eu também gosto dos conceitos dele. Eu costumo levá-lo debaixo do braço durante minhas caminhadas para o trabalho.

– Quem é esse Heráclito? – sussurrou Dur a Gertrude.

– Ele foi um grande filósofo Grego.

– Ah, foi é? E quando foi que ele morreu?

– Uns dois mil e quinhentos anos atrás.

– Ah! – estranhou Dur a resposta da escritora que o encarava com um olhar brincalhão.

– De qualquer forma – prosseguiu Albert. – Assim como o rio, acontece com o tempo e o espaço. Tudo flui, nada para. O tempo, além de fluir, é relativo.

– Como assim? – intrigou-se Mary. – Eu ainda não entendi.

– Quero dizer que o tempo não é igual em todo lugar.

– Mas isso não é possível! – discordou o matemático francês. – Pela Teoria de Newton, o tempo é absoluto, flui e não depende de relógios.

– Meu caro amigo – disse o professor, abandonando o cachimbo na mesa –, apesar de respeitar o trabalho desse antigo cientista, não podemos trabalhar com conceitos do século XVII se agora temos como fazer novos experimentos, então podemos reformular a velha física. E um dos experimentos que podemos fazer é a colocação de um relógio perto do Equador e outro em um dos Polos: você verá que o relógio mais no centro vai andar mais devagar do que o colocado em um dos extremos do planeta.

– Por que isso acontece? – questionou Caio.

– Da mesma forma que um disco envelhece mais no centro do que a sua borda. A gravidade... A gravidade afeta o tempo – finalizou Albert, caminhando até a cama.

10 - Relatividade

– Para que, diabos, você está arrumando a cama, Albert? – indagou Pablo.

– Imagine, por um momento, que essa cama bem esticada, pelo menos eu tentei, fosse imensa.

– Sim, já imaginei isso várias vezes... E como! – divertia-se Pablo.

– Bem – Albert foi até a cesta e retirou a melancia e retornou para perto da cama. –, agora, me diga: o que vai acontecer se eu soltar essa melancia em cima da cama?

O professor jogou a melancia sob os olhares do pessoal se divertindo com a situação.

– O lençol afundou – riu Mary. – Belo jeito de desfazer a cama.

– Ou melhor dizendo, minha linda mocinha, o pano se curvou. E o que acontece se eu jogar este limão?

– Ele também curva o lençol, mas vai ser bem pouco – respondeu Maurice, aproximando-se de Gertrude. – Onde é que você quer chegar?

– E se eu empurrar o limão para próximo da melancia? – disse Albert, sorrindo, enquanto empurrava a fruta que foi rodopiando até deslizar para onde estava a fruta maior.

– Ficaram juntas – observou Mary.

– Bom, e o que tem, Albert? – cortou Pablo, nervoso. – Fala logo. O que você pretende fazer? Uma natureza morta na cama?

– Muito bem – o físico ignorou as risadas que se espalharam. – Agora imaginem se o lençol e a cama fossem transparentes. Qual a impressão que teríamos sobre as duas frutas?

– Ué – disse Caio, segurando o riso –, vai parecer que a melancia atraiu o limão e, por isso, estão desse jeito.

– É isso mesmo – concordou o físico, tocando nas duas frutas. – A impressão que temos é que a fruta mais pesada está atraindo o pequeno limão. Pois bem, amigos, eu acredito que é isso que acontece no espaço. O que vocês estão vendo aqui é como funciona a gravidade. O sol curva o espaço, da mesma forma que a melancia. O pobre limão seria como se fosse o nosso planeta Terra. Se a Terra não tivesse o movimento de translação, que é o que a mantém em órbita, ela iria direto para o Sol. O Sol, devido à sua massa, curva o espaço. E quanto a Terra, ela se move nessa curvatura. É essa curvatura que é a culpada. É ela que faz com que os corpos se atraiam mutuamente. A matéria sempre faz o espaço-tempo se curvar, em maior ou menor proporção.

– Demais! – empolgou-se Caio, pegando o limão de cima da cama. – Se, em vez de fazer o limão rolar para perto da melancia, eu o passasse perto da borda da cama, ele conseguiria fugir da depressão e seguiria em linha reta.

– Isso explicaria o porquê de outros astros não serem atraídos pelo sol! – concluiu Maurice. – Isso é muito interessante. Como é que ninguém nunca notou isso antes!

Albert aproximou-se e apoiou as duas mãos nas costas do francês.

– Meu amigo, quando um besouro cego caminha sobre a superfície de um galho, ele não percebe que o caminho é, na verdade, curvo. Tive a sorte de notar o que o besouro não percebeu.

– É verdade, somos como besouros – ria Caio. – A gente também não nota que a Terra gira, não é mesmo?

– Bem, nem sempre – discordou Albert, tomando o último gole do copo na mesa. – Para mim, às vezes, é muito fácil ver tudo girando.

– Cada vez mais estou gostando dessa concepção de espaço-tempo – empolgou-se Pablo, agitando as mãos no ar. – Bravo, sábio! Que imaginação a sua!

– Eu não tenho nenhum talento especial e possuo pouca imaginação – contrariou o cientista. – Só sou, apaixonadamente, curioso.

– Eu só queria saber uma coisa – virou-se Mary para o suíço-alemão sorridente. – O que você quis dizer com "os corpos se atraiam mutuamente"?

– A lei da Gravitação afirma que quaisquer corpos relativamente próximos se atraem. O Sol atrai a Terra. A Terra atrai uma pessoa. E a pessoa atrai a Terra. Mas veja: a gravitação não é responsável pelas pessoas se sentirem atraídas – brincou o professor, deixando a curiosa ruborizada.

– Tá dizendo que eu atraio a Terra? – cortou André.

– Claro! Por incrível que possa parecer, existe uma atração gravitacional entre uma pessoa e o planeta, apesar de não termos como perceber essa atração. Sabia que essa atração também existe entre você e o bloco que está segurando?

– Bem, nisso eu concordo – disse o escritor, sorrindo, acariciando as folhas do pequeno bloco. – Eu não vivo sem ele. Aqui eu guardo muito das minhas grandes ideias.

– Engraçado – disse Albert, pegando umas uvas na cesta e as comendo de uma só vez. – Eu só tive uma até hoje.

– Voltando para as frutas... – cortou Maurice. – Se é assim, se a gravidade é apenas um reflexo tridimensional de uma curvatura no espaço de quatro dimensões, sendo o tempo uma delas, como é que fica a luz?

– O que tem a luz? – questionou Albert, esforçando-se para manter os olhos abertos.

– A luz sofre os efeitos dessa curvatura? – provocou o matemático francês.

– Tá dizendo que a luz pode fazer curva? – reagiu Mary, que se servia de algumas bananas e maçãs.

– Sim – confirmou Albert com tranquilidade. – Você tem razão. Afinal, a luz se propaga através do espaço e, sendo este curvo, ela então também deve seguir a curvatura.

– Não acredito – disse Dur, pegando do bolso da calça um lenço para esfregar a testa suada. – Essa é absurda demais!

– E por que não? – aborreceu-se Pablo. – Isso está muito animado.

– Agora quero ver – rebateu o rapaz incrédulo, apontando o lenço para o físico. – Como você vai provar isso?

– Eu não posso provar uma definição. – Albert encarava com simpatia o incrédulo. – Ninguém pode. O que a gente pode fazer é mostrar que ela faz sentido.

– Isso não faz sentido. É impossível! – zangou-se o irritado, socando o ar.

– Meu pequeno Dur, algo só é impossível até que alguém duvide e acabe provando o contrário – sorria Albert, apoiado no ombro de Caio.

– Eu continuo dizendo que isso não faz sentido. Não é lógico.

– Não existe nenhum caminho lógico para as descobertas das leis do universo, mocinho. O único caminho é a intuição. Tenho uma pergunta para você: Como trabalha um poeta?

– Como assim? – preocupou-se Dur.

– Quero dizer... Como vem a concepção de um poema?

– Não sei, apenas sinto. Ela simplesmente surge.

– Mas é isso mesmo que se dá com um cientista – provocou Albert. – O mecanismo do descobrimento não é lógico... Você não vê? É uma iluminação súbita, quase êxtase. Há uma conexão com a imaginação. E imaginação é mais importante que o conhecimento.

– E põe imaginação nisso – atiçou Caio. – Tá demais!

– Eu sei o que ele está falando, Dur – cortou Pablo. – Eu sou pintor e não consigo explicar com palavras por que pinto um quadro dessa ou daquela maneira. Simplesmente faço!

– Eu penso 99 vezes e nada descubro – Albert exibia um sorriso esperto. – Deixo de pensar, mergulho em um grande silêncio e a verdade me é revelada. A mente avança até o ponto onde pode analisar, mas depois passa para uma dimensão superior, sem saber como lá chegou. Todas as grandes revelações fizeram este salto.

– Para mim, tudo isso vai continuar sendo o grande mistério sem solução – Mary parecia desanimada.

– Minha encantadora jovem – disse Albert chegando perto da distraída. –, a coisa mais bela que o homem pode experimentar é o mistério – Albert pegou a mão de Mary e a beijou suavemente. – É esta a emoção que está na raiz de toda ciência e arte, não acha?

– Eu ainda não aceito nada disso – Dur voltou à briga. – Tudo isso é uma grande asneira.

– Você tem razão numa coisa, rapaz – revidou o professor, já impaciente, largando delicadamente a mão da jovem e se voltando ao teimoso. – Há duas coisas infinitas: o Universo e a tolice dos homens. Eu não tenho certeza sobre o Universo.

– Pare de discutir tanto, Pierre! – irritou-se Gertrude.

– Mas eu não concordo com nada disso, prima Gertie, e pronto!

– Deixe o seu primo, minha cara – pediu Albert. – Uma discussão em que todos são unânimes é uma discussão perdida.

– Depois disso tudo, o que pode ser mais louco? – brincou André.

– E qual a sua opinião sobre a ideia de que viajamos em direção ao futuro, mas o que vemos em nossa volta é o passado? – quis saber Maurice, pegando uma cigarreira de prata no bolso.

– Como passado? – assustou-se Mary.

– A luz do Sol leva 8 minutos para chegar à Terra. Assim, quando vemos o Sol num determinado ponto, na verdade o estamos vendo com 8 minutos de atraso. Estamos sempre vendo o Sol no passado. A luz da estrela Sirius leva 9 anos-luz para chegar até a Terra. Através do telescópio, nós vemos como ela brilhava 9 anos atrás. O nosso reflexo num espelho também leva um tempo microscópico, porém leva algum tempo para chegar até a nossa retina. O que vemos através do espelho é uma versão ligeiramente mais jovem de nossa imagem. Logo, o que vemos é o nosso passado.

– Caro Maurice, a realidade é uma mera ilusão, como atribuía o meu filósofo favorito, David Hume – arrematou o amigo cientista.

– Nisso eu concordo – admitiu Pablo, colocando a mão no ombro do físico. – Sabemos apenas o que nossos sentidos nos apontam. Tudo o que nos rodeia apenas impressiona os nossos sentidos.

– Demais! – empolgou-se Caio, esbarrando na sua amiga ruiva. – Isso quer dizer que se a gente colocasse um espelho numa estrela a mil anos-luz, então bastaria pegar um telescópio e aí a gente iria ver o que aconteceu na Terra há mil anos? – Maurice confirmou, acenando a cabeça, enquanto batia o cigarro contra a cigarreira. – Demais! Se fosse assim, eu não teria mais que viajar no...

– Espere um pouco – interrompeu Mary muito impressionada. – Do modo que vocês estão dizendo... Os telescópios são máquinas do tempo? É isso mesmo?

– Sim, é isso mesmo – sorriu Albert, já cortando um melão num prato sobre a mesa no centro do quarto. – Se a gente pudesse colocar na Lua alguns espelhos, poderíamos fazer algumas experiências aqui na Terra.

– Que pena! – suspirou a garota, olhando pela janela o dia que já escurecia. – Se a Lua estivesse bem longe, aí a gente poderia ver o nosso passado... Maurice, será que é possível viajar bem rápido no tempo?

– Ora, minha jovem... – tossia o matemático francês com a tragada do cigarro. – Se somos nós que passamos pelo tempo, e se é possível determinar em que ritmo a gente passa, então não vejo porque não podemos pensar em até mudar a direção.

– Ao invés de irmos sempre para o futuro, poderíamos ir para o passado? – animou-se a jovem.

– Se o espaço-tempo é curvo, como esse lençol, ou melhor... – Maurice pegou uma folha de papel em cima de uma pilha de livros no chão. – Como essa folha aqui... – ele a dobrou. – Pode ser que estamos seguindo para o futuro, mas em algum momento retornamos ao passado.

– Ihh! Essa não! Enlouqueceram de vez – ralhou Pierre Dur, vigiado pelo olhar de reprovação de Albert. – O que vocês estão inventando agora?

– Os antigos navegantes não viajaram pela Terra? – indagou Maurice. – Por acaso eles notavam a curvatura do planeta? Alguns deles navegaram sempre em frente e no final da viagem retornaram ao ponto de partida – Maurice acabou de enrolar a folha de papel e a apoiou na mesa. – Um viajante no tempo poderia avançar para o futuro, mas se o espaço-tempo pode ser curvado, o viajante poderia retornar para seu próprio passado. Poderia até se ver, preparando-se para a viagem...

– Que coisa mais triste! – espantou-se o escritor, pegando uma fatia de melancia e deixando-se lambuzar. – Nós! Nós nos veríamos como crianças? Só faltava essa! Eu me vendo como um bebê?

– Nem precisa, André – retrucou Gertrude, esboçando um olhar malicioso. – Olha o que você está fazendo. Olha só seu terno.

– Mas... – disse Caio, aflito em voltar ao assunto. – Mas o espaço-tempo é grande demais. Não dá para circular como os navegantes fizeram. Como posso então viajar em direção ao futuro e chegar no passado?

– E se a gente fosse muito rápido? – sugeriu Mary.

– Eu já refleti sobre isso – interveio Albert. – O tempo é mais lento para alguém que está em movimento. Se uma pessoa viajasse em grande velocidade e estivesse usando um relógio, veria que, em relação aos relógios das pessoas que estivessem paradas, o seu relógio se atrasaria. O limite desse atraso é atingido quando se atinge a velocidade da luz. Daí o relógio sofreria um atraso infinito, ou seja, ficaria 'congelado'. Até os batimentos cardíacos e o metabolismo seriam retardados. A pessoa envelheceria bem mais devagar. Se pudéssemos ultrapassar a velocidade da luz, poderíamos até voltar ao passado, mas isso é impossível. Nada pode viajar acima dessa velocidade.

– Por que não dá para viajar acima da velocidade da luz? – questionou Mary, desapontada.

– Imagine um homem viajando de trem numa velocidade bem acima da luz. O que aconteceria se ele tentasse iluminar a frente de seu vagão com uma lanterna?

– A luz nunca conseguiria alcançar – refletiu Gertrude, servindo-se de uma maçã. – Seria como o atleta que vi nas olimpíadas de 1904, em Saint Louis. Ele tentava entregar a tocha olímpica para o outro corredor mais rápido do que ele e não conseguia... Só quando o da frente diminuiu foi que ele entregou.

– Certo – alegrou-se o físico, terminando com mais um copo de vinho. – Só que você precisa lembrar que o corredor da frente e o de trás são a mesma pessoa. Isso é que é um homem de grande visão: ele olha para frente e vê a própria nuca – Albert agitava as duas mãos segurando as duas últimas fatias de melão. – Portanto, posso intuitivamente deduzir que nada pode se deslocar mais rápido do que a luz. É lei e pronto. Esse é o limite de velocidade do universo. A velocidade da luz é constante, não varia de jeito nenhum e ninguém vai poder ultrapassá-la. O resto é uma questão de relatividade.

– Que nada, Albert! – comentou André, cutucando Gertrude à sua frente. – Você acredita nisso só porque você bebeu demais! Afinal, o que seria relatividade?

– Para mim? – disse Albert com os lábios retendo um riso. – Quando um homem se senta ao lado de uma bela garota durante uma hora parece que durou um minuto, mas quando ele se senta numa grelha quente por um minuto parece que durou mais que qualquer hora. Isso é relatividade.

– Isso é a pura verdade – riu Pablo. – Nada me encanta mais do que ficar pintando Fernande. Eu não vejo a hora passar. Mas quando ela se esquenta...

– O estado mental do observador desempenha uma ação crucial na percepção do tempo. – disse Maurice, observando Albert que custava a chegar até a cadeira ao lado de Caio.

11 - E = mc2

– Então não tem jeito – interrompeu Mary, aborrecida. – Já era. Não podemos viajar no tempo. Levaria bilhões de anos-luz, não levaria?

– Vamos pensar em outro jeito.

– Que jeito, Maurice?

– Lembra-se do livro de Wells? No livro, o viajante do tempo não entrou em uma máquina e viajou na velocidade da luz. Ele ficou sentado, parado dentro da máquina, e viu o tempo avançar. Isso poderia acontecer de fato se ele estivesse na velocidade de dobra.

– Velocidade de dobra – a ruiva estava com os olhos arregalados. – Como de dobra?

– Vou mostrar – interferiu Albert. – Tem algum papel por aí? – o cientista viu Mary revirando a bolsa até que avistou um papel dobrado. – Ah, isso aqui serve muito bem, mademoiselle. – ele pegou aquele mapa com os itinerários dos trens. Em seguida, pegou o toco de um cigarro no chão e o colocou em uma das extremidades da folha já aberta. – Qual é a menor distância que esse cigarro-nave deve percorrer para sair desse ponto em que ela está parada para alcançar o outro extremo desse mapa?

– A menor é riscando uma reta – disse Dur, cruzando os braços.

– Errado – riu Albert muito satisfeito com o rosto aborrecido do rapaz. – A menor distância é: dobrando o mapa! Eu só tenho que dobrar para juntar um ponto para o outro. Por acaso notaram que para isso a minha nave já queimada não se movimentou nada? Que foi o papel, o mapa que dobrou? Pois a velocidade de dobra funciona do mesmo jeito, 'dobrando' o espaço-tempo que está na frente da nave e depois 'esticando' o espaço novamente, ou seja, a nave vai de um ponto para outro sem se mexer. Simplesmente, porque ela é levada com a expansão e a contração do espaço. E desse jeito não vou levar nenhuma multa por ter ultrapassado a velocidade da luz. Eu estou parado; o espaço-tempo é que se curvou.

– Ah, claro! Com se isso fosse fácil! – chateou-se Dur. – E como você pensa que vai conseguir curvar o espaço-tempo? Jogando um gigantesco melão nele?

– Engraçado, eu já pensei nessa ideia, mas conclui que teria que ser de tamanho descomunal. E para transportar esse melão, já imaginou? Alguém tem outra sugestão?

– Desisto – disse o jovem poeta, esfregando a testa com as mãos.

– Não, não desiste – pediu o cientista de joelhos. – A coisa mais importante é não parar de questionar. A curiosidade tem um grande propósito de existir. Você mesmo deve ter alguma razão para existir que eu ainda desconheço.

– Tudo bem, monsieur lunático – debochou o desanimado, encarando o professor. – Qual é a sugestão para resolver esse pequeno problema? Como vai dobrar o espaço?

– Lembre-se que a matéria pode afetar o espaço, mas... – aquela pausa fez com que Caio tirasse as mãos do queixo e olhasse atentamente para o físico. – A energia também pode curvar o espaço. Se nós não podemos ultrapassar a velocidade da luz então...

– Então o quê? – disse Caio.

– À medida que um objeto vai atingindo velocidade próxima à da luz, cresce sua dificuldade em aumentar de velocidade. A resistência do objeto à aceleração aumenta. Sendo assim, a energia que o objeto está recebendo para aumentar a velocidade está, na verdade, aumentando sua massa.

– Se isso for verdade, quer dizer que podemos transformar energia em massa? – concluiu Maurice.

– Mais do que isso, meu amigo. Podemos também converter uma microscópica massa em uma grande energia. A luz não tem massa, mas tem energia. Em suma: a energia é a matéria na forma livre e a massa é outra forma da matéria. É a energia que espera ser liberada.

– Já imaginou? – atreveu-se Maurice, largando o cigarro no chão. – Se isso é verdade, então se destruirmos o núcleo de um átomo...

– Sim, meu amigo, destruindo o núcleo de um átomo daria origem a uma reação em cadeia que resultaria na liberação de uma gigantesca quantidade de energia atômica...

– Minha nossa! – apavorou-se André.

– Mas não se preocupem – ergueu Albert as mãos. – Esse poder não é encontrado na natureza, e nem tampouco é de conhecimento dos homens.

– Vai ser uma bomba... Não, duas. E vão ser lançadas no Japão – murmurou Caio só sendo observado por Mary que não se importou.

– Como chegamos a mais essa loucura? – preocupou-se André, coçando a testa, enquanto olhava para o bloquinho.

– Loucura, não – cortou Gertrude. – Eu diria criatividade. Oh, homem, põe essa cabeça para funcionar! Você parece um vivo-morto desse jeito.

– Ah, é! E como então eu vou descrever essa história de energia virar massa e massa virar energia?

– Eu ajudo! – Albert aproximou-se do escritor e fez uma anotação no bloco do escritor.

– Danou-se! – espantou-se Dur ao tentar decifrar. – Que coisa é essa?

O pessoal, que já se encontrava embriagado com a discussão surreal, se apressou a ler a fórmula, inclusive Caio que, ao vê-la, pegou a folha e ficou relendo, incrédulo.

$$E = mc^2$$

– Mas que diabo é isso? – desabafou André.

– Isso é a minha poesia – elucidou o cientista. – Energia é igual a massa multiplicada pela velocidade da luz elevada ao quadrado. E como você, meu amigo poeta, não sei como ela surgiu, eu apenas a senti.

– Como pode... – André esfregava o dedo na testa. – Como pode se resumir uma ideia totalmente revolucionária apenas usando essas três letrinhas?

– Todas as teorias deveriam se prestar a uma descrição tão simples que até uma criança pudesse entender. – interveio Albert.

– Mas isso não é tão simples assim – relutou Dur.

– É, e não é! – Albert pôs-se a dar uns tapinhas nas costas do cabeçudo. – Faça as coisas o mais simples que puder, porém não se restrinja às mais simples.

– A luz – ficou Maurice a divagar ao contemplar a fórmula poética do professor. – Ela pode gerar um campo gravitacional. Então imaginem: se a luz pode gerar um campo gravitacional, e a gravidade pode afetar o tempo, então a luz pode afetar o tempo... Agora eu estou ficando assustado com tudo isso... E se isso for possível?

– É, eu sei – Albert tragou o seu cachimbo. – Às vezes, acho que Deus está me pregando alguma peça. Mas pelo menos, eu sei de uma coisa.

– O quê? – perguntou Caio.

– Que Deus não joga dados com o Universo.

– Isso tudo é muito doido – cortou bruscamente Dur. –Avise-me quando você conseguir uma viagem dessas. Com que cientista louco fui me meter!

– Loucura e imaginação andam juntas – o professor voltou à mesa. – É impressionante onde a criatividade pode nos levar. Podemos realizar os sonhos mais incríveis.

– Sonhar é tão bom – comentou Caio, já cansado, com o queixo apoiado pelas duas mãos. – E dormir é muito bom.

– Sonhar é bom – destacou o físico que se aproximou de Caio e, de súbito, agarrou as duas mãos do jovem. –, mas despertar e alcançar o seu sonho é melhor ainda – Albert voltou-se para o pessoal, deixando Caio ainda sem ação. – Os homens e as mulheres que sonham acordados foram feitos para realizar coisa que muitos dizem ser impossível.

– Sonhar, Hum! – desprezou Pierre, assoando o nariz. – Eu estou cheio de tudo isso.

– Quando o canal está aberto, as águas da fonte fluem. E quando um discípulo está pronto, o mestre aparece – Albert sacolejou o rapaz irritante sem parar. – Não se reprima, Pierre Dur, não se reprima. Não fique cheio.

– E não vou – disse o birrento, limpando o nariz. – Ora, para que os físicos se preocupam se o espaço é curvo e com viagens no tempo que jamais poderão fazer? Isso é tudo bobagem. É perda de tempo, isso sim.

– Perda de tempo? – Albert foi para o centro da sala. – Foi exatamente o que muitos disseram quando se falava sobre máquinas voadoras. E olha o tal de Santos Dumont, dando a volta na Torre Eiffel com um dirigível! – Albert diminuiu o tom de voz. – Quando eu tinha cinco anos, deram-me de presente uma bússola. Desde o primeiro momento, aquele ponteiro me impressionou... Por mais que eu andasse de um lado para o outro, aquele ponteiro continuava apontando sempre na mesma direção. Essa experiência me fez acreditar que deveria existir algo oculto por detrás das coisas. O que as pessoas veem desde sempre não causa esse tipo de impressão: as pessoas não se preocupam se o sol vai torrar tudo porque já convivemos com isso desde pequeno. As viagens no tempo parecem absurdas porque não estamos habituados a ver viajantes do tempo da mesma forma que vemos passageiros saindo de um trem. Aprender sobre viagens no tempo pode nos dar excelentes ideias das coisas ocultas no Universo, de como ele funciona e como surgiu... Sabe qual é a diferença entre um detetive e um cientista? – todos se mantiveram em silêncio. –Ao detetive é dado o crime e formulado o problema: quem matou? O cientista precisa, ao menos em parte, cometer seu próprio crime, bem como proceder à investigação. E para isso, deve armar teorias para desvendar os mistérios do universo.

– Desvendar mistérios é o meu passatempo – alegrou-se Mary.

– Se você tem essa atividade para ocupar o tempo livre, minha querida, você já está no caminho certo. Afinal, espaço-tempo é uma forma de pura intuição.

– Intuição?

– Como você mesma já refletiu, pode-se pensar no espaço e tempo sem um corpo, mas um corpo não pode existir sem espaço-tempo. Tudo que existe, tudo que observamos, vira nosso conhecimento, não é? Tempo e espaço são conceitos que temos intuitivamente. Logo, tudo que existe, todo nosso conhecimento, está baseado na intuição cósmica.

– Intuição – resistia a ruiva. – Pensei que pudéssemos investigar somente através da observação.

– Não, Mary, a observação se baseia nos nossos sentidos que nos dão apenas a mera aparência da realidade. Você tem que se libertar da ilusória algema dos sentidos. A intuição é nossa estação de partida. A imaginação é a nossa estrada que precisa ser trilhada com o raciocínio. Só assim você, eu, todos nós, conseguiremos chegar ao nosso destino, o livre conhecimento.

– Então eu devo deixar as pistas de lado? – estremeceu Mary. – Mas como só a intuição?

– Se quiser decifrar enigmas, vai ter que aprender a ser mais ousada – alterou Albert o tom de voz. – Vamos, Mary, comece a aprender a improvisar. Faça coisas que ninguém espera que você faça. Assim! – de repente, Albert virou-se de costas para ela e de súbito virou-se exibindo uma enorme língua para fora, quase devorando a investigadora.

Eu não disse! – gritou Dur. – Olha só. É ou não é a cara de um cientista maluco?

A sala estava silenciosa.

– É! Falei demais – suspirou Albert, batendo o cachimbo contra a mesa. – Ficar aqui, só conversando, não dá. Preciso anotar tudo isso antes que eu esqueça todas essas ideias. Minha memória não é lá essas coisas para o investigador que pretendo ser.

– Tome – esticou André a mão. – Fique com as minhas anotações. Elas podem ser úteis a você.

– Obrigado. Depois eu as devolverei... Onde tem folhas por aqui?

– Tome! – disse Mary, um pouco trêmula, passando folhas em branco para o físico. – Monsieur precisa de mais? – acanhada, pôs-se a limpar as mãos lambuzadas com as bananas que acabara de comer.

– Ah não, querida, já tem bastante aqui. Agora posso colocar tudo isso na minha forma poética. Esse é o meu passatempo, o meu prazer, minha forma de desvendar mistérios.

– Sentir prazer com matemática, ha ha ha! – debochou Dur. – Que horror, hein! O que sinto por matemática é ódio. Como pode ser tão sem sentido.

– Sem sentido? – estranhou o físico, coçando o queixo. – Para mim, a matemática é um instrumento poderosíssimo, é o sexto sentido dos homens e o sétimo das mulheres... – ele concluiu, acariciando o rosto ainda trêmulo de Mary. – Estou sentindo que devo me retirar, mas quero dizer que hoje foi um dos dias mais felizes que tive. Essa nossa discussão me fez lembrar muito das conversas que eu tinha com meus bons amigos. Que saudades eu tenho de Maurice...

– Maurice? – inquietou-se o matemático francês com a coincidência de nomes.

– É verdade, ele também se chamava Maurice – observou Albert. – Os titulares eram: eu, Maurice Solovine e Conrad Habicht. Havia os membros honorários que eram: Michele Besso, Marcel Grossmann e Paul Habicht. Ah! A gente se reunia ora na casa de um, ora na casa de outro... Não tínhamos nada para comer a não ser salsicha e uma fruta... Mas nos divertíamos tanto nessas nossas reuniões. Eu até tocava meu violino. Bons tempos da "Academia Olímpia". – o saudosista guardou o cachimbo no bolso do terno, mas algo o fez a fazer uma careta. – Eu, por acaso, já tinha comentado essa história? – Maurice, quase rindo, admitiu ao amigo confuso, acenando a cabeça. Albert desfez a careta e se dirigiu à porta. – Bom dia, para todos vocês!

– Boa noite! – disse o pessoal em uma só voz, enquanto o físico saía sem perceber o seu lapso de tempo.

12 - Charlie e o cinema

Já era tarde para aqueles que tinham de acordar muito cedo para ir ao trabalho como também para Mary que nem tinha avisado à mãe sobre sua saída. Mas para Pablo e seus amigos, aquela era a melhor hora de trabalhar. Os artistas permaneciam no ateliê acompanhados pelas ideias e prosas que os deixavam cada vez mais embriagados. Caio e Mary foram pelas ruas molhadas que refletiam os boêmios que passeavam ou os que estavam sentados nas mesas dos cafés. Ao se aproximarem de uma praça, avistaram várias pessoas reunidas esperando numa fila na frente de um pequeno prédio. No meio daquele paciente público, avistaram um conhecido.

– Charlie! – gritou Mary, feliz.

– Olá! – o mensageiro estava acompanhado por um garoto alto e de cabelo raspado.

– O que você está fazendo aqui? – perguntou Caio.

– Eu e Henry viemos conhecer o cinematógrafo.

– O quê! – intrigou-se Caio.

– Eu já vi um desses – confessou Mary. – Eu vi uma apresentação dos irmãos Lumière no ano passado. Eles passaram uma cena em que, de repente, aparecia um trem saindo de uma estação – Mary ria ao contar. – O pessoal na plateia achou tão real que muita gente acabou saindo correndo.

– E qual era a história? – perguntou Caio.

– História? – não entendeu a garota. – Era só essa cena e pronto.

– Como só uma cena? Não tem graça assim.

– Ora, Caio, era só isso que os irmãos exibiam.

– Mas agora ficou melhor – contou Henry. – É verdade que os Lumière achavam que esse invento não iria muito adiante, mas agora, graças ao tal do ilusionista, a coisa mudou.

– O que ele fez? – indagou Mary.

– Ele veio com a ideia de criar enredos para os filmes, e ainda mais colocar truques de mágica.

– Eu adoro mágica.

– Você e todo resto do mundo – brincou Charlie. – Estou curioso pra assistir.

– Hum! – animou-se Caio. – Qual é o filme que vocês vão ver?

– É o... – o amigo de Charlie aproximou-se do cartaz pendurado no poste. – "Georges Méliès."

– Não, seu burro – zangou-se Charlie. – Esse é o nome do ilusionista.

– Como é que eu ia saber? Esse nome está escrito em letras garrafais. Pra mim, parece um título.

– É, está certo! – riu Charlie. – O nome do homem não deixa de ser um título. Afinal, ele é o nobre diretor, roteirista, produtor, o senhor dos efeitos especiais de ilusionismo.

– E também é estrela do filme – completou Caio. O pessoal, sem entender aquela frase, encarava o viajante do tempo. – Quis dizer que ele é o que faz o personagem principal.

– Nossa! Tudo isso! – ficou o amigo de Charlie abismado. – Eu pensei que a gente ia só assistir a um filme!

– Que maravilha! – vibrou Mary ao ler o cartaz.

– O que foi? – quis saber Caio.

– Eles vão exibir um filme baseado em Julio Verne, "Viagem à Lua", e no livro "Os Primeiros Homens na Lua" de H. G. Wells. Eu já li todos os livros dele. Foi uma grande perda a sua morte.

– Quem, Wells? – preocupou-se Caio com o amigo que conheceu numa outra viagem no tempo.

– Não, não, Julio Verne. O Wells está bem vivo e ainda escrevendo.

– Então devem estar passando o filme aqui para fazer uma homenagem a ele – deduziu Charlie.

– É, deve ser – disse a garota, entristecida. – Afinal, ele morreu só faz um mês. Gostaria tanto que o filme fosse sobre "Viagem ao Centro da Terra", é o meu predileto.

– Já está chegando a nossa vez – Charlie observava um homem que organizava a entrada. – Vocês querem assistir?

– Eu acho que estou sem dinheiro. – disse Caio, procurando nos bolsos da calça.

– E nem precisa – estranhou Mary. – Desde quando cinema é pago?

– Desde este aqui – corrigiu Charlie. – Além de ter que pagar, ele dura 13 minutos.

– Tudo isso? – ficou Mary boquiaberta. – E o pessoal aguenta?

– Ah, Mary, vais ser ótimo. Você vem com a gente?

– Já que é sobre Julio Verne, então eu vou sim – Charlie já estava oferecendo o braço para a linda amiga quando ela se virou para Caio. – Vem com a gente. Eu empresto o dinheiro para você. – Caio sorriu, enquanto Charlie tentava esconder seus ciúmes.

Iluminado apenas por uma fileira de lâmpadas, os três foram se acomodando na quarta fila de cadeiras ali colocadas e ficaram à espera, enquanto um funcionário preparava o pequeno rolo de filme. Depois de tudo preparado, deram início à sessão.

O filme em preto e branco deixava todos perplexos com a aparição de uma cápsula disparada por um gigantesco canhão. A cápsula viajava pelo espaço, levando a bordo cinco estudiosos e eram liderados por um professor, interpretado pelo próprio Méliès, usando apenas um terno e uma longa cartola. Caio ria com os efeitos especiais do primeiro filme de ficção cientifica. Na cena a nave chocou-se contra a lua e, para dar um certo realismo, a nave feita de papelão estava enfiada no olho direito do rosto rechonchudo do "Homem-Lua". No final, Caio vibrava ao ver os estudiosos tentando fugir dos, nada amistosos, habitantes lunares e, para isso, entraram na cápsula, mas um dos inimigos aproveitou que eles estavam encurralados e empurrou a nave para a beira da Lua, fazendo-a despencar. A nave atingiu a Terra, no oceano Atlântico. Por fim, os desbravadores foram resgatados e homenageados como grandes heróis.

– Que filme mais criativo – comentou Caio no final da sessão. – Aquela cena em que o homem usou um guarda-chuva para desintegrar os Selenitas foi demais.

– Eu também – concordou Henry, olhando para a tela vazia. – Isso é fabuloso! Eu nunca vi coisa igual.

– Também não é assim – divergiu Mary, levantando-se. – O livro é bem melhor. Não dá para comparar. Nada no filme pareceu real!

– Pra mim, o que importa não é a realidade, mas o que dela posso extrair, como a imaginação desse sonho que é isso aqui – rebateu Charlie.

– Você não vem com a gente? – perguntou Caio, olhando para o Charlie paralisado.

– Eu preciso assistir outra vez e outra e mais outra. Isso é muito bom para durar tão pouco. Eu quero representar em um filme como esse... Não, não é verdade. Eu quero mais do que isso. Eu também quero escrever, dirigir, tudo.

– Algum problema? – indagou um homem calvo, aproximando-se de Charlie. – Rapaz, você está bem?

– Estou, sim.

– Então, por que você não se levanta? A sessão terminou.

– Eu quero ver mais uma vez.

– Ora, ora, ora – entusiasmou-se o sujeito, ajeitando os longos bigodes. – O que temos aqui. Você é mais um ator. Acertei?

– Sou, sim – disse Charlie, sem se levantar. – E eu queria falar com Méliès. Eu quero trabalhar nos seus filmes.

– Vocês atores são tão espirituosos – o homem balançava a cabeça. – Quando fizeram esse filme, há três anos, não havia um artista conhecido que quisesse fazer parte dele. Diziam que interpretar em filmes estava abaixo do teatro. Foi por isso que sempre se usou acrobatas e cantoras de salão... Agora que vocês perceberam que o pessoal do filme ganha mais dinheiro do que vocês no teatro, vocês querem entrar de qualquer jeito, não é isso?

– Quanto ganha o pessoal do filme? – perguntou Mary.

– Ué! – riu o homem. – Uns 6000 francos.

– Meu Deus! – surpreendeu-se Henry, voltando a se sentar. – Isso é mais que o dobro do que ganho.

– Agora é que eu quero fazer filmes – decidiu Charlie, finalmente se levantando. – Eu preciso falar com Méliès... Moço, sabe como eu posso achar o ilusionista?

– Esqueça, rapazinho, o escritório Geo-Méliès-Star-Film hoje em dia está abarrotado de atores querendo trabalhar.

– Mas eu não sou apenas um ator – insistiu Charlie com as mãos junto ao peito. – Eu faço acrobacias, sou dançarino, canto, danço, faço pantomimas... Faço qualquer coisa!

– Não dá! – resistiu o homem, colocando as mãos nos ombros do aflito. – Méliès não está interessado em encontrar mais um ator. Ele tem uma bela dor de cabeça que está deixando o pobre homem muito acabado.

– O que poderia ser? – Charlie sentou-se novamente, chateado. – Ele deveria estar muito feliz com tudo isso que ele fez.

– Ora, ora – o homem fez Charlie se levantar. – então não sabem que ele está lutando para acabar com as cópias falsas dos seus filmes, que foram enviadas da América aos milhares para todos os países? Os descarados até reproduziram o desenho dos cartazes feitos pelo próprio Méliès!

– Essa não! – espantou-se Caio. – Já começaram com a pirataria!

– Quanto dinheiro o tal ilusionista deve estar perdendo – murmurou Henry.

– Se continuar assim – disse o homem, desconsolado. –, temo que tudo aqui vá à falência.

– Vamos, Charlie – pediu Henry, pegando o amigo mensageiro pelo braço –, não tem mais nada aqui pra gente. Vamos embora.

– Não, eu fico – teimou Charlie, voltando a sentar. – Eu quero ver mais e mais uma vez.

– Então vamos ter que deixá-lo – disse Mary, segurando o braço de Caio. – Já é muito tarde e minha mãe deve estar bem preocupada.

Os três deixaram o sonhador e foram embora. O homem se afastou e foi para perto do funcionário, responsável pela projeção do filme.

– O que está acontecendo, monsieur, algum problema? – perguntou o funcionário.

– Não, Boris, eu só estava tentando mostrar a crua realidade para aquele ator ali sentado.

– Realidade? – riu o projetor, dando sinal para que escurecessem a sala. – Essa foi boa, monsieur Méliès, muito boa.

13 - O misterioso roubo

– Isso é hora de chegar! – berrava aflita madame Dupin ao ver Caio entrando na pensão. – Onde você esteve todo esse tempo?

– Mas o que houve? – espantou-se Caio, acompanhado por Mary. – Pra que todo esse barulho?

– Você tinha me prometido que ia chegar cedo em casa. É isso que vale sua promessa?

– Mas qual o problema?

– Você, Caio, você é o problema – a senhora agitava os braços. – Onde você foi? O que você fez?

– Madame Dupin – uma mulher elegante de cabelos um pouco grisalhos falou num tom severo, mas suave ao mesmo tempo. –, não há necessidade desta exagerada preocupação. Como pode constatar, as crianças estão bem.

– Não interessa – a senhora voltou à carga. – Caio, onde você esteve?

– Eu não fiz nada! – disse Caio num tom cheio de raiva. – Eu só fui passear e conversar com uns amigos

– Com quem? – descontrolou-se a mulher. – Com quem você falou?

– Com ninguém. Poxa, qual é? Até parece que é minha mãe.

– Mas ninguém aqui sabe o que é silêncio? – interrompeu um homem vestido com um longo roupão azul, do alto da escada. – Que gritaria sem fim.

– Não está havendo nada, professor Mordekai – disse a elegante senhora ao lado de madame Dupin. – Eu sinto muito se o acordamos.

– Eu preciso de silêncio – exigia o professor, colocando as mãos na cabeça. – Como podem ser tão fazer tanto barulho!

– Pode ficar tranquilo. Monsieur terá, de agora em diante, todo o silêncio que lhe convier. Não estou certa, madame Dupin?

– Mas não pode ficar assim! Eu disse para Caio que queria... – a senhora parou de gritar quando reparou no rosto severo da mulher elegante. Consciente de que estava descontrolada, ela fundo e falou num tom mais calmo. – Sinto muito, madame Miller. Tem toda razão. Eu lamento o inconveniente. Caio, por favor, não repita mais isso, está bem?

Madame Dupin se retirou sobre os olhares de outros hóspedes acordados com o alvoroço, inclusive Albert.

– Eu vim a Paris pensando que ia poder finalmente trabalhar sossegado, e olha só em que lugar eu fui parar! – persistiu o professor Mordekai na reclamação.

– Que coincidência! – disse Albert. – Eu também vim a Paris para completar meus trabalhos.

O professor Mordekai se retirou muito aborrecido. Enquanto todos retornavam aos seus quartos, Albert, distraidamente, esbarrou em Marine parada na escada.

– Mas como é rude esse alemão metido a suíço! – resmungou Marine. – Que horror! Ele bem que merecia uma lição, isso, sim.

– Minha filha – chamou madame Miller, colocando as mãos nos ombros de Mary. –, acho que está na hora de nos recolhermos para os nossos quartos. – a mãe dirigiu-se a Caio. – Meu rapaz, não fique aborrecido com madame Dupin. Presumo que isso foi apenas uma demonstração de zelo em demasia.

– Foi mesmo demais! – disse Caio ainda chateado.

– Sim, meu jovem, mas amanhã, tudo isso será uma infeliz recordação e nada mais. Boa noite!

– Boa noite, Caio – despediu-se a amiga, subindo as escadas, seguida pela mãe.

Após muita espera, os sonhos de Caio voltaram a habitar sua cabeça. A cama dura e o cobertor que nada esquentava já não o incomodavam mais. Seu cansaço acumulado devido às duas últimas noites mal dormidas era tamanho que nem sua insistente preocupação com o desenrolar do terrível assassinato o prendia mais a realidade. Caio flutuava através de quadros que mesclavam as ideias relativas às viagens no tempo com as cenas em preto e branco de uma viagem à Lua. Voava. Num piscar, podia-se ir de um extremo ao outro da galáxia, saltando por sobre um gigantesco buraco negro que tragava tudo ao seu redor, inclusive a luz. Enfim, estava conseguindo dormir sem nada para atrapalhar o sono.

"Ladrão! Ladrão!" – a voz desesperada ecoou por todo albergue.

– O que houve? – perguntou Mary a Albert, que corria pelo corredor.

– Mas será que não vou ter sossego aqui! – esbravejava o professor Mordekai, saindo do seu quarto. – O que foi desta vez?

– Roubaram todas as minhas anotações... Ladrão! – alarmou Albert. – E agora? O que vou fazer. Sem elas vou perder toda a minha teoria. Eu não consigo me lembrar direito... O vinho... Estava tudo tão bem embriagado na minha cabeça. Minhas ideias estavam fluindo tão bem.

– Mas que porcaria de teoria é essa? – enfureceu-se o professor Mordekai.

– A teoria! – Albert andava de um lado para o outro. – Eu ainda nem tinha me decidido qual seria o nome da teoria... Eu ainda não sei se devo chamá-la de Equivalência pela igualdade de energia com a massa... Se devo chamá-la de Invariância pela velocidade da luz não variar ou se... Ou será melhor chamar de Relatividade para destacar que o tempo e o espaço são grandezas relativas ao sistema de referência?

– Pode acreditar, Teoria da Relatividade vai pegar bem – opinou Caio, espreguiçando.

– De que adianta agora isso? – desesperou-se Albert, puxando os cabelos para trás. – E logo esse que seria meu melhor artigo publicado na revista.

– Que revista? – perguntou um homem entre os outros hóspedes, ajeitando os óculos.

– A revista científica alemã, Anais da Física.

– Puxa! – impressionou-se o homem. – Essa revista é realmente a mais importante no campo de pesquisas. Eu nunca consegui que publicassem um artigo sequer. Como você conseguiu?

– Meu trabalho... – A fisionomia tensa de Albert denunciava ter poucas esperanças de reaver as anotações.

– Mas que horror de ladrão! – cortou a dona da pensão ao olhar para o quarto da vítima. – Ele revirou tudo!

– Não, madame – disse Albert, colocando as mãos no ombro da senhoria. –, o quarto está do jeitinho que eu deixei.

– Quando monsieur percebeu que as anotações haviam desaparecido? – interrogou Mary ao lado de alguns hóspedes.

– Faz uma meia hora.

– E a que horas monsieur foi dormir?

– Deixe-me ver... Marie!

– Sim, monsieur – respondeu uma jovem, amarrando um roupão e ajeitando a touca branca que deixava uma longa trança para fora.

– Você lembra a que horas me serviu o chá na cozinha?

– Eu creio que era por volta da meia-noite, monsieur – disse a garota, séria.

– Se é assim – Albert ficou a rascunhar no ar. – Se eu acordei há meia hora, e eu costumo dormir pouco quando estou trabalhando, então, eu acredito que fui dormir por volta das quatro da manhã.

– Isso só nos deixa uma hora e meia entre o momento que monsieur dormiu e sentiu a falta dos papéis – concluiu Mary ainda tratando Albert num tom formal.

– Eu não entendo como alguém conseguiu entrar no meu quarto. A janela estava trancada e a porta também.

– Mas então, como alguém conseguiu entrar? – questionou Caio.

– Tem certeza que monsieur não é sonâmbulo? – supôs a ruiva.

– Isso nunca me aconteceu antes – assustou-se o desesperado. – Eu não acredito nisso.

– Mas essa é a única explicação – insistiu Mary, olhando os objetos dentro do quarto. – Tendo eliminado o impossível, aquilo que resta, ainda que improvável, deve ser a verdade.

– Roubei minhas próprias anotações! – apavorou-se o cientista. – Como vou conseguir minhas folhas de volta?

– Não dá pra fazer tudo de novo? – perguntou Caio.

– Minha memória ruim tende com o tempo a me enganar com falsas impressões. Vou perder muito desse jeito – lamentava o cientista. – Eu não posso ter feito isso comigo mesmo.

– Não se preocupe, Albert – Mary, de modo muito seco, confortava o amigo desesperado. – Eu vou investigar tudo isso, e seja qual for a explicação para o sumiço ou furto, acredite, eu farei tudo para reaver suas anotações.

– É horrível, horrível! Como posso ter uma memória tão relapsa?

– Bem, mas veja a vantagem – disse um dos hóspedes curiosos com a confusão. –, monsieur vai sempre se divertir ouvindo a mesma piada.

14 - O convite inesperado

A madrugada tumultuada deixou Caio um pouco sem ânimo para aguentar o trabalho que o esperava. Mais uma vez, madame Dupin, refeita da exagerada preocupação demonstrada na noite anterior, enviou Caio para mais uma de suas entregas. Desta vez, Caio se dirigiu ao cemitério de Montmartre, região oposta aos arredores da Gare du Nord. Mais uma vez, encarregou-se de levar o embrulho amarelo, e mais uma vez teve que ficar a espera para ser atendido pelo religioso responsável pelo recebimento.

Aquela entrega tinha tomado toda a parte da manhã. Mais relaxado, Caio aproveitou a hora do almoço para regressar à pensão. No meio do trajeto, sua ansiedade o fez desviar para o local do crime, a estação. Quem sabe, pensava o garoto, teria sorte de encontrar algo e assim não teria que esperar até o dia seguinte, quando iria viajar com Mary e Charlie. Ao chegar, foi direto para a área de desembarque.

– Você! – ficou surpreso ao encontrar Albert, observando o vai e vem dos trens. O amigo estava com a mesma roupa da madrugada e com barba por fazer. – O que está fazendo aqui?

– Eu não sei – disse o cientista com o olhar distante. – Eu estava andando pela cidade para ver se conseguia pensar melhor sobre o infortúnio que me aconteceu, mas acho que exagerei. Eu não consigo me lembrar do caminho de volta. Achei que esses trens pudessem ser um ponto de referência...

– Mas, como assim! – Caio reparou que o homem o ignorava. – Venha! – foi conduzindo o distraído. – Eu mostro o caminho.

– Adeus, minha memória. Nunca pude contar mesmo com você – resmungou Albert, acenando para o céu. – Mas, se tivesse uma chance de rever meus cálculos.

– Se quiser, eu posso contar tudo o que me lembro da conversa de ontem enquanto a gente volta para pensão.

– Hum! Talvez isso dê certo.

Ao entrarem na pensão, madame Blanche indicou a sala de refeição a Albert para ele se servir.

– E eu? – reclamou Caio.

– Você vai para a cozinha, mocinho, que é o seu lugar.

– Mas...

– Ou vai ou fica sem comida.

Caio não quis mais discutir, pois seu estômago vazio exigia atenção. Ao passar pela sala principal, ficou a escutar alguém tocando piano e cantando uma melodia francesa. O som suave o fez desviar. Foi muito bom descobrir que se tratava de Mary.

– Não, não pare! – pediu Caio. – Está tão muito bonito.

– Gentileza sua – disse Mary, pousando as mãos no colo. – Eu sei que tenho muito ainda o que aprender.

– Eu não concordo, minha querida – interrompeu Gertrude, entrando na sala. – Para mim, está um primor.

– Bem – encabulou-se a ruiva –, obrigada, madame Stein

– Que isso! Pode me chamar de Gertie. – sorriu a ricaça. – Querida Mary, o que acha de ir hoje à noite à minha festa?

– Festa? – animou-se a pianista, levantando-se da banqueta. – Adoro festa.

– Então está combinado. E pode deixar: eu não esqueci que devo dar, além de "quando" vai ser a festa, devo dar também as três coordenadas no espaço – riu a mulher, lembrando da conversa no ateliê. – Vocês podem ir com o Max. Ele está careca de saber onde moro.

– Gertie, eu... – encabulou-se mais ainda a garota.

– Fale! Eu não mordo, sabia?

– Eu só posso ir se for acompanhada por minha mãe.

– Sim, claro, como não. Era esse o problema? Ah, eu sei que as inglesas têm mais liberdade que as francesas. Vocês podem andar e montar acompanhadas de moços, mas quando se trata de festas, nem pensar! Bem se vê que você é de uma família maravilhosamente tradicional – a mulher olhou para Caio e percebeu que ele estava um pouco triste. – Ei, Caio, anime-se. Você também está convidado.

– Puxa! Valeu! – vibrou Caio. – Até que enfim vou poder me divertir depois de todo esse tempo.

– E para sua informação, Dur já se foi. Se bem que eu gostaria de ver o meu primo levando a pior novamente de você. E, por favor, leve aquele seu amigo ator. Eu adorei o rapaz. Não sei bem, mas algo me diz que ele tem muito futuro. Bem, meus jovens, vou procurar Albert e ver se ele também gostaria de ir. Eu também adorei as ideias dele. Pena que o vinho me fez perder um pouco da conversa.

– Ele está na sala almoçando.

– Grata – despediu-se a estadunidense.

– Ai, meu Deus! – preocupou-se Mary. – Uma festa. Que roupa devo usar?

– Fique tranquila. Se ela convidou a mim e a Charlie e o tal de Dur não vai, então, sem dúvida, ela não se importa com essas coisas.

– Não estraga, Caio – Mary estalava os dedos no ar. – A parte que mais gosto da festa é a preparação – Caio ria da jovem empolgada que ficou um período andando e falando sozinha a fim de se decidir pela roupa da festa.

– Caio, quero agradecer-lhe – disse Albert, surgindo na sala. – Nossa conversa, na volta da estação, foi muito gratificante. Não imagina o quanto me ajudou.

– Que bom. Fico feliz por te ajudado.

– Pode ficar feliz como eu também estou. E ainda descobri mais uma coisa com você.

– O quê?

– Nós não podemos resolver um problema com o mesmo estado mental que o criou é preciso elevar a consciência e pensar de uma forma diferente. Bom, obrigado de novo. Vou agora retornar à minha Teoria.

– Você não vai à festa?

– A festa de Gertie? – indagou Albert, um pouco confuso. Caio acenou a cabeça, confirmando. – Não, não. Minha festa vai ser bem melhor com minha parceira.

– Que parceira? – indagou Caio.

– A sublime e bela tranquilidade que me espera no meu quarto.

Caio ria ao ver o amigo ensaiando uma dança, enquanto deixava a sala, até perceber que Mary o encarava.

– O que foi? – ele perguntou.

– Você foi à estação.

– Tá! Desculpa! Eu sei que a gente combinou de irmos à estação amanhã, mas eu pensei que pudesse adiantar alguma coisa hoje, né? – tentou Caio explicar-se, atormentado com o olhar reprovador da ruiva. – Você não vai ficar chateada comigo por causa disso, vai?

– Não, Caio. Eu devia ter imaginado que você, apressado do jeito que é, daria um jeito de ir lá na estação. E, então, adiantou alguma coisa?

– Não – disse o rapaz, desapontado. – Eu tive que trazer Albert para casa. Ele estava perdido.

– Tudo bem – Mary pegou o braço do amigo. – Amanhã, teremos o dia todo para pensar no crime, mas hoje vamos à festa.

15 - A festa

Já passava das sete horas da noite, Max, Charlie e Caio ainda estavam na sala esperando Mary descer com sua mãe.

– Como está bonita! – exclamaram os três quase ao mesmo tempo ao verem Mary, finalmente, descendo as escadas. O vestido da jovem era de cetim claro e tinha um ramalhete de botões de rosa preso num dos ombros. O penteado colocado para o alto com grandes cachos apanhados atrás, tinha dificuldade para reter os longos fios ruivos soltos que atingiam facilmente o quadril da moça. Para resolver o problema, a mãe de Mary usou o artifício de domar os cabelos prendendo o pesado penteado com cachos postiços, que eram usados bem apertados em volta da cabeça.

– Você está linda – insistiu Charlie, mas ele ficou preocupado ao notar que Mary parecia incomodada com alguma coisa. – Mas o que houve? Está com algum problema?

– Eu queria mesmo era um vestido preto. Assim eu poderia parecer mais velha.

– E você sabe que toda boa mãe impede tal atrevimento, menina – discordou a mãe, ajeitando os botões na parte de trás da roupa.

– Eu não sei o que é pior ao usar esse espartilho – sussurrou a garota à mãe, quase sem voz. – Se é ficar sem respirar ou ficar sem comer.

– Mademoiselle – disse Max, guiando a moça inquieta à saída da pensão, acompanhado pelo resto do pessoal –, do jeito que você está linda, os rapazes da festa é que vão ficar sem comer e respirar.

O grupo ficou animado com mais a companhia de Pablo e Fernande passeando pelas ruas iluminadas de Paris. Lá estava toda gente dentro de ônibus, bondes e automóveis... Muitos deixavam de andar de metrô, como o grupo de Caio, para poderem contemplar a cidade das luzes cintilando com seus teatros, cafés e cabarés. Caio se divertia durante o percurso, de dentro de um bonde, cujo conector de ferro que o ligava aos cabos aéreos soltava faíscas durante as curvas. Ficou mais agitado ao chegar à Rua Fleurus, 27, onde ficava a casa da estadunidense, e perceber que a música já circulava solta.

Logo, Gertie apareceu na porta, recepcionou os amigos e apresentou seu irmão Leo que a acompanhava.

O irmão chegou a apresentar Caio, Charlie e Mary a alguns outros convidados. Ali estavam críticos de arte e famosos: escritores, atores, escultores, pintores... O anfitrião atencioso ainda fez questão de mostrar a casa e deixar os três o mais à vontade possível para se servirem... Vinho em abundância, e de marcas variadas, transitava por entre os convidados, assim como outras bebidas como vodca e também sucos de frutas exóticas. E muitas iguarias enchiam tanto a mesa longa da sala quanto as bandejas com caviar, aperitivos feitos de camarões, canapés de queijo e de salmão e os mais diversos doces finos... Tudo preparado e servido por um exército de garçons que jamais deixava alguém de mão ou copo vazio, a não ser a maioria das mulheres, incluindo Mary, que graças ao uso dos torturantes espartilhos, tinham que se contentar em comer apenas com os olhos.

No meio de toda aquela agitação, ninguém podia deixar de reparar no local mais aconchegante que os frequentadores da casa chamavam carinhosamente de *salon*. As paredes nesse recinto estavam completamente preenchidas de quadros a óleo dos mais renomados pintores e também de artistas desconhecidos como Matisse, Braque... O aposento transpirava arte de todos os cantos.

Pablo, por exemplo, estava próximo de um quadro de Monet pendurado ao lado de um seu, que Gertie havia comprado recentemente. Ele, sem perceber, mergulhava naquela paisagem. As texturas das figuras ali, naquela cena sem nuvens, davam a ideia de algo fora do tempo; e as árvores carregadas com luzes douradas atraíam os olhos para o fundo da vastidão da água azulada e esbranquiçada. Elas conduziam o artista para junto das moças navegando num bote lá longe, transformadas em pequenas manchas pinceladas num ponto de um quadro limitado apenas pelas árvores que sublinhavam as margens do rio. O espelho d'água, tremido, transbordava, fundindo-se com a paisagem. Pablo divagou:

– Os impressionistas, como Monet, sabiam mais do que ninguém que a realidade não é vista, mas sentida... Temos apenas uma impressão da realidade. Um espaço sem limites, sem margens, com uma perspectiva diferente do que aprendemos na geometria; onde uma reta não seja a menor distância entre dois pontos, mas sim, dobrando o espaço como uma folha de papel até que os pontos se encostem. Rosto visto de vários ângulos diferentes que se fundem em um só momento.

– Dobra de rosto – disse Caio, distraído. – Da mesma forma que se faz uma viagem sem sair do lugar, usando a dobra espacial. É assim que se vê um rosto de todos os ângulos sem ter que dar a volta nele. É bem prático. É bem real! Como agora estou entendendo esse tipo de arte! Puxa! Como ela abre nossa cabeça.

– Estou entrando numa nova era – anunciou Pablo. – Estou me libertando da perspectiva tradicional para a busca de uma nova forma da terceira dimensão. Não mais verei o mundo retratado num só ângulo, mas vou agora lidar com o mundo recriando-o. A arte não vai mais ser domada por conceitos de como vemos o mundo, mas sim revelará o que sabemos sobre esse mundo.

– "Primeiro apure os fatos, depois pode distorcê-los à vontade." – completou a estadunidense.

– Essa frase é de Mark Twain – disse Mary, encantada. – Você gosta de ler Twain?

– Se gosto! – Gertie simpatizava mais ainda com a jovem. – Ele é um dos que mais me influencia na hora que escrevo.

Enquanto as duas trocavam ideias dos livros do escritor estadunidense como "As aventuras de Huckleberry Finn", Pablo ficava contemplando em profunda meditação uma tela de Cézanne que tomara como modelo uma pequena estatueta de um cupido retorcido visto de vários ângulos. Aquela proposital distorção da figura no espaço sempre o deixava intrigado. Parecia ser uma ousada tentativa de congelar várias posições num só momento.

– O espaço sem o tempo... – relembrou o pintor a discussão no ateliê. – É impossível criar uma estátua instantânea. Posso construir uma estatueta com sua largura, comprimento e altura, suas três dimensões. Até posso fazê-la completamente distorcida. Contudo, sem o tempo, ela jamais conseguirá existir. Uma estátua instantânea... Figuras geométricas... O tempo... Temos que vê-lo como uma... Uma quarta dimensão! O espaço-tempo... O tempo tem de ser visto... Tem de ser pintado.

– Eu gostei muito dessa idealização sobre o tempo ser visto como uma quarta dimensão – interessou-se um homem de terno, de cabelos escuros, que ficou a olhar para a tela. – André me falou agora a pouco sobre essa nova perspectiva da física de espaço-tempo. Quem foi que começou com essa história? Foi Maurice, não foi?

– Aha! – respondeu o espanhol totalmente absorvido pelos detalhes do quadro.

– Só podia ser. Ele sempre foi de protestar contra a perspectiva clássica. Acredito que artistas como Cézanne já perceberam este novo conceito. E isso me faz refletir... Se um pintor consegue retratar como se visse tudo ao mesmo tempo, o que impede um escritor de fazer o mesmo?

– Isso mesmo, Apollinaire – apoiou a anfitriã. – Eu também pensei exatamente isso enquanto estava discutindo com André ontem... Por que temos que escrever uma ideia, uma narrativa com a preocupação de um início, um meio e um fim?

– É, Gertie, eu sei aonde você quer chegar – disse o amigo da anfitriã, aproximando-se da pintura. – Eu também sinto essa necessidade de mudar... Não só como poeta, mas especialmente para fazer uma crítica mais liberal, mais verdadeira sobre os novos rumos da arte. Assim como os pintores, nós temos que descrever um pensamento do jeito que nós o formulamos. Um pintor como Cézanne não vê apenas o rosto de frente. Ele sabe que tem os lados e a parte de trás. E para figurar essa verdade, ele dá a impressão que distorceu o rosto, quando na verdade está exibindo a essência. Um pintor não pinta o que vê, mas sim, o que pensa. É certo que um pensamento é feito de colagens... De... Como posso explicar?

– Eu consigo ver aonde quer chegar! – empolgou-se a escritora. – Temos que fazer colagens de diálogos, de lembranças, de pensamentos, de descrições... Também não se pode deixar de colar as palavras que subitamente nos vem à tona... Temos que desenvolver uma nova forma de escrever que consiga exibir como flui o pensamento. Uma palavra tem que ter força por si só. A narrativa tem que ser feita de colagens, mostrando tudo o que passa por nossa mente tridimensional. Nós temos que ser mais fiéis. Não pensamos de forma linear. Nossos pensamentos usam nossa memória para fazer relação do que sabemos com o que estamos vendo... É assim que conseguimos criar. Temos que usar essa nova forma de literatura para quebrar a linha de início, meio e fim... Temos que mostrar que em certo momento estamos pensando no presente, mas, subitamente, uma lembrança do passado nos assola... Ou então, quando repercute nossas fantasias... Pensamos em um segundo que estamos aqui, mas depois estamos em algum lugar do passado... Viajamos para qualquer lugar e em qualquer tempo num piscar.

– Se nosso pensamento viaja num piscar no espaço-tempo, minha cara – deduzia o crítico –, então temos que criar um narrativo espaço-tempo, sem dúvida.

– Este quadro de Cézanne – Gertrude estava hipnotizada pelas formas. – Ele está me dando uma boa ideia para fazer um novo livro...

– Uma ideia quando martela a cabeça da gente é tão difícil de ser domada – desabafou Mary – Se não a pegarmos no primeiro instante e escrevermos a primeira impressão, nós a perderemos para sempre.

Mary se calou e ficou a namorar umas *strudels* de maçã que a rodeavam. O colorido dos doces dispostos na bandeja requintada a fez esquecer-se do espartilho e também de todos os refinamentos que uma mocinha deveria ter. A súbita atração e a ausência momentânea da mãe também compactuaram para cometer aquele pecadinho da gula que a fez, ainda por cima, guardar alguns dos saborosos em sua bolsa.

– De acordo, minha cara – apoiou Apollinaire. – Sempre fico aflito quando as ideias me fogem da cabeça, e essa nova eu não vou deixar escapulir.

– Olhe esse Degas, Guillaume! – admirava o pintor espanhol. – Que agito de cores.

– É, Pablo – concordou o crítico –, ninguém pincela tão impaciente quanto ele. Repare como ele tenta capturar todos os movimentos dos cavaleiros agitados ao longe, apostando corrida num campo aberto.

Quando Mary olhou para o quadro, reteve um brilho emocionado no olhar.

– Sempre achei que para apreciar a arte devia-se ter um dom, mas esse quadro... Todas as pinturas que vi até hoje sempre têm uma espécie de um obscuro brilho cor de mostarda, mas esse me fez algo que não sei descrever, só sentir.

– Parece até uma foto instantânea – comparou Caio, andando de um lado para outro para observar o quadro de diferentes pontos de vista.

– É mais do que isso – analisou o crítico. – Degas mostra a sua visão, o seu pensamento naquele instante. Ele domou seu pensamento.

– Como ele conseguiu isso? – o pintor estava impressionado com a imagem de um cavalo marcado por vários riscos que definiam todas as posições anteriores do animal em sequência. – Ninguém consegue congelar movimentos como ele. Ninguém congela um sentimento como ele – Pablo teve sua atenção voltada para um quadro de Cézanne em cima de uma lareira no lugar mais privilegiado da sala. Ficou a admirar aquela imagem da mulher sentada numa poltrona até o momento que, empolgado, anunciou à anfitriã. – Gertie, eu quero fazer algo novo... Esse Cézanne está me dando muita inspiração... Gertie, vou fazer o seu retrato. Começarei amanhã... Não, não, vou fazer hoje.

– Meu grande Pablo, você é tão imprevisível quanto um artista deve ser. É claro que vou adorar um retrato meu feito por você. – a mulher não percebeu que a atenção do espanhol estava agora totalmente absorvida por uma estatueta, uma máscara com o rosto distorcido.

–– Onde você conseguiu isto? – mudou o pintor de assunto.

– Ah, gostou? É uma máscara africana primitiva que Matisse me presenteou.

– Onde ele a conseguiu? – Pablo a pegou e a estudou com cuidado.

– Ele disse que tem comprado essas estatuetas numa loja de curiosidades exóticas. Ele tem feito muitos estudos sobre essa arte negra – o artista estava impressionado com a máscara negra de lábios grossos e com olhos vagos saltando do rosto distorcido.

– Ele tem mais objetos deste tipo?

– Eu não sei... – disse a anfitriã com a atenção voltada a Caio e Mary que, de mãos dadas, retornavam à festa.

– Você poderia descobrir? Preciso saber mais sobre esta arte.

– É realmente interessante como este tipo de trabalho mostra, com efeito dramático, o poder que os objetos inanimados têm de abrigar a força dos espíritos.

– Os seus de significados místicos podem ser notáveis, mas por ora estou mais interessado na sua execução. Veja como ela passa uma ideia de simplificação das formas, quais elementos são realmente necessários para a confecção de um rosto. Gertie, preciso saber se Matisse tem mais máscaras como esta. Você pode ver isso pra mim? – a insistência do artista era irritante, mas também era convincente.

– Bom, a esposa de Matisse me convidou para ir à casa deles semana que vem. Ela quer que eu experimente a famosa receita de lebre Perpignan... Posso aproveitar a ocasião e perguntar a Matisse sobre máscaras.

– Ótimo. Sabia que poderia contar com você – ele a beijou no rosto. – Enquanto isso levarei esta aqui. Preciso fazer uns esboços agora.

– Agora?

– Evidente!

– Mas eu nem disse que poderia levá-la emprestada!

– Nunca hesito em tirar dos outros o que eu quero. Tenho horror de copiar a mim mesmo – ele já se dirigia à porta. – Ah, sim! Não esqueça que ainda hoje começarei seu retrato – ele saiu e ela ficou sem ação.

Todo aquele tempo o crítico Guillaume Apollinaire estava recuado num canto, assistindo aquela cena. Ele aproveitou a deixa e postou-se ao lado de Gertrude.

– É, minha cara amiga! Como Degas gosta de dizer: "Pintar um quadro requer tantas fraudes, truques e traições como cometer um crime." – os dois observavam o pintor que subia as escadas como se estivesse carregando um presente de Natal.

16 - Chaplin e Caio no grande salão

Enquanto todos se divertiam, Gertrude se posicionou no meio da sala principal ao lado de um piano, pediu que a música cessasse e chamou a atenção dos presentes.

– Queridos amigos, como sabem, é sempre bom vê-los aqui na minha casa, aqui onde sempre coloco à disposição de vocês não só um jantar feito com muito carinho para recepcioná-los, mas também sempre procuro aproveitar essas ocasiões para incentivar artistas que ainda não tiveram a chance de revelar seus grandes talentos. Hoje, eu gostaria de contar com o apoio de vocês para que um desses anônimos, de espírito fenomenal, aceitasse apresentar-se perante nós. Trata-se de uma jovem pianista, mas também promissora cantora. Ela é inglesa e está há pouco tempo em Paris. Ela é um pouco tímida, mas acredito que se dermos uma salva de palmas, se sentirá suficientemente em casa para nos agraciar com uma pequena apresentação. Uma salva de palmas para: Mademoiselle Mary Miller.

O público seguiu o exemplo da anfitriã e deram calorosas palmas. Pega de surpresa, Mary não sabia o que fazer diante de tamanha ovação. Sua pele ficou vermelha e seus dentes não paravam de ranger. Sua vontade era de fugir dali, porém tanto sua mãe como seus dois amigos a incentivaram a aceitar o desafio. O público, respeitosamente, parou de aplaudir ao ver a menina aproximar-se do pequeno palco improvisado. O silêncio tomou conta do local. Mary sentia muito medo com a presença daquele grande e pesado vazio. Por mais que a jovem tentasse agir de forma natural, suas mãos trêmulas a traíam. Tão logo se sentou ao piano, a incapacidade a dominou como se estivesse diante de seu próprio fuzilamento. Como última tentativa, posicionou suas mãos geladas e suadas nas teclas e, num só fôlego, pôs-se a tocar, enquanto se preparava para cantar. Sua voz saiu afinada, mas sem potência. Para piorar, o nervosismo a fez tropeçar nas notas tocadas no piano, surtindo uma canção engasgada. Antes de atingir o apogeu do desastre, Gertrude aproximou-se da garota em pânico e deu-lhe um beijo na testa. Após sussurrar algo à jovem, que acenou a cabeça ao final da conversa, Gertrude se afastou e falou ao público.

– Meus caros amigos, nem todos os grandes talentos se revelam à luz do palco. Assim sendo, saúdam nossa querida artista para que ela sinta o nosso apreço por sua primeira, mas seguramente valiosa, experiência – Mary se levantou amparada pelos aplausos gentis da plateia e caminhou até sua mãe.

– Minha filha, o que há com você? – preocupou-se madame Miller ao colocar a mão na testa de Mary. – Está ardendo em febre.

– Não é nada, mãe. Isso é só emoção. Já vai passar.

– Acho melhor levá-la para a pensão – sugeriu Caio, segurando a mão suada da amiga.

– Eu vou levá-las – antecipou Max, sinalizando a um dos empregados que trouxesse os agasalhos.

– Max – gritou Pablo. – Você já vai?

– Sim, a garota precisa de cuidados.

– Ah, bem! Talvez precise também de mais treino.

– Que isso, Pablo? – aborreceu-se Fernande ao lado do pintor. – Não seja cruel.

– Ela vai se recuperar – disse o pintor, despreocupado. – Ela é forte, mas precisa aceitar que a arte é que pode ser cruel, não eu – Pablo se aproximou da jovem febril, amparada pela mãe e por Caio. – Jovenzinha, você terá que descobrir sozinha que a ousadia é que doma o medo. Só assim vai se manifestar o seu verdadeiro talento.

– Deixe-a em paz, Pablo – zangou-se a amante, afastando-o da adoentada. – Se não sabe ajudar, então fique aqui. – Fernande segurou o braço de Mary.

– Você vai com ela? – ralhou o pintor.

– Por que não?

– Se é assim – Pablo entregou um punhado de folhas grandes para a amada. – Guarde isso para mim quando chegar em casa.

– O que é isso?

– São os meus primeiros estudos sobre aquela ideia de pintar a terceira dimensão e mais o tempo. Eu desenhei uns cubos e mais uns esboços de uma máscara que...

– Fique com seus valiosos esboços – a modelo afastou as folhas. – Será que não consegue parar de pensar um minuto só em você? – Fernande foi colocando o casaco ao mesmo tempo em que empurrava os braços do amado tentando ajudá-la. – Sai de perto de mim. Fique bem longe! E não espere por mim em casa. Pode ser que eu aproveite, já que vou à pensão de Max, para ficar pousando para Jean.

– Pois pode ficar por lá – reagiu Pablo, furioso. – Você vai voltar rastejando.

– E fico mesmo, até você pedir desculpas a mim e à pobre garota.

Antes que os esboços virassem folhas estraçalhadas pelos amantes, batendo um no outro, Max as pegou e prometeu ao amigo pintor que as guardaria no seu quarto na pensão.

Enquanto Caio ajudava a pegar as coisas da ruiva, Charlie aproximou-se com o rosto todo coberto por um creme branco e com uma espécie de fuligem grossa em volta dos olhos.

– Mary, como está se sentindo? – disse Charlie, colocando a mão na face quente da amiga.

– O que é isso no seu rosto? – estranhou a garota, quase a espirrar.

– É minha maquiagem – sorriu o ator. – Madame Stein me convidou para fazer uma apresentação, mas se você precisa de mim, eu deixo tudo e vou com você agora mesmo.

– Não, que é isso – esboçou Mary um leve sorriso, afastando-se do rosto do amigo. – Não precisa. Minha mãe cuida de mim – Mary parecia tonta, deixando a todos preocupados, exceto Pablo.

– Eu acho bom ir com vocês – sugeriu Caio, acariciando Mary.

– Se é assim, eu também vou – competiu Charlie.

– Não se preocupem – Max tentava acalmar os dois rivais. – Eu vou levá-la. Fernande e a mãe de Mary vão cuidar bem dela – o jornalista deu uma leve batida no ombro do dedicado ator. – Fique, meu jovem, não perca essa ocasião. Muitos aqui são pessoas deveras influentes que podem dar a investida, o primeiro empurrãozinho, que necessita tanto.

Max despediu-se dos amigos de Mary e seguiu as três mulheres que se acomodavam no carro, onde o motorista de Gertrude já estava ao volante.

– Caio, eu preciso da sua ajuda – pediu o maquiado.

– O que você quer?

– Eu preciso de um parceiro nesta apresentação.

– Mas como! – disse Caio, esfregando a mão na testa. – Eu nem sei do que se trata.

– Não precisa, Caio. Quanto mais natural você for melhor vai ser. Agora vamos logo lá para o palco.

– Ei, espera aí – disse Caio, segurando o ator que já o puxava. – Eu também vou ter que usar maquiagem?

– Qual o problema?

– Não é por nada não, mas essa coisa tem um cheiro esquisito.

– Hum! Pensando bem... – disse Charlie, que raspou a mão no rosto e ficou olhando a mão lambuzada. – Eu ainda vou conseguir comprar uma maquiagem de qualidade, que não tenha tanto cheiro. Acho bom tirar isso. Tive uma ideia bem melhor.

No grande salão, algumas pessoas aproveitavam a presença de uma banda para dançar. Ali também estavam espalhados outros convidados em grupos, conversando animadamente.

Enquanto todos se entretinham na festa, dois rapazes surgiram na entrada do salão. Um mordomo apareceu e prontamente se dispôs a retirar o casaco de um deles. O rapaz de bigodinho preto, aparentemente bêbado, reagiu àquela suposta tentativa de roubo e brigou para reaver o seu casaco. Aquela cena atraiu apenas a atenção de algumas moças reunidas no canto da sala que ficaram a cochichar. Os dois despercebidos foram então se sentar numa das mesas perto da agitada banda. O que parecia bêbado fez sinal a um dos empregados para atendê-los, enquanto o outro companheiro se preparava para pendurar o guardanapo no pescoço. Logo, veio à mesa um garçom oferecendo um prato de espaguete a cada um. O jovem de bigodinho levantou-se e ficou a conversar com outros ocupantes de uma mesa vizinha. O jovem com guardanapo, afiando a colher no garfo, começou a comer mesmo sozinho. Lá ia ele degustando, chupando fio a fio, enquanto o outro permanecia em pé... Num certo momento, apareceu uma moça que pediu ao solitário a cadeira vaga ao seu lado. O rapaz, mais do que gentil, se deu ao trabalho de levar o assento para a mesa da atraente mulher. Após a gentileza, foi retornando à mesa para continuar comendo. Como se via ainda entretido com a linda figura da moça, ele foi regressando andando de marcha-ré... Sem perceber que o seu acompanhante bêbado estava mais adiantado e que já se apoderara da única cadeira da mesa... O garoto foi se aproximando da mesa e foi se sentando... De encontro a uma cadeira, que não estava mais ali. Todos na sala começaram a rir ao ver o distraído caído no chão com as pernas para o alto. Sem graça, o rapaz se recompôs. Pegou outra cadeira e ficou a fitar com raiva o amigo embriagado, que sem entender, continuou a chupar seu fio de massa. Foi chupando... Pegando mais um fio da saborosa massa... E, de súbito, sem notar, não estava mais chupando o fio do espaguete, mas, sim, chupando uma das serpentinas da decoração penduradas no lustre. A troca de fios só foi notada pelas pessoas que estavam a se espremer pelas adjacências para ver melhor as incrédulas trapalhadas dos dois convidados. No final da refeição de papel, o desatento bêbado, muito satisfeito, deu um grande arroto que fez o público rir mais ainda. Depois de limpar os dentes com o garfo, o bêbado foi cambaleando para perto de André Salmon e, com gestos de mímica, pediu um isqueiro. André, apesar de estar fazendo um enorme esforço para não rir, pegou o isqueiro e o acendeu. O atrapalhado, por mais que tentasse, não conseguia encostar o minúsculo cigarro preso à boca torta ao isqueiro. Impaciente com aquela cômica situação, agarrou a mão do poeta e a guiou para seu rosto e, finalmente, conseguiu tragar. Ao andar em direção à mesa, o cômico de bigodinho ficou a olhar uma mocinha e nem desconfiou que um enciumado namorado estava nas suas costas. O esbarrão com aquele homem forte o fez estremecer, quase o fazendo perder o equilíbrio. Acanhado, o bêbado colocou as mãos esticadas para trás e foi o único a não reparar que a brasa de seu cigarro estava encostando na toalha da mesa onde o amigo, muito calmamente, degustava o último fio de espaguete. Que desastre! O parceiro do bêbado pegou o prato já vazio e ficou a abanar para debelar as chamas. Enquanto isso, o bêbado em pânico ia para um lado e depois para o outro... Até que, por fim, decidiu pegar uma jarra de flores. Tirou as plantas e mirou a jarra com água para o fogo... Acertou! Sim, acertou em cheio a cara do amigo que ficou a cuspir a água esverdeada...

Todos riam e aplaudiam, querendo mais e mais. Quando o bêbado virou-se para o parceiro e viu que este se encontrava prestes a explodir... Não teve dúvida. Com uma expressão de puro arrependimento, sentou-se à mesa, pegou dois pãezinhos grandes e fofos e foi enfiando cada um em garfos ali dispostos. Sem que ninguém imaginasse, aquele par de pães viraram pezinhos animados que dançavam, seguindo o ritmo da música. As mãos hábeis do ator improvisavam passos, piruetas e saltos. Seu rosto meigo apoiava-se nas pequenas pernas feitas de garfos formando uma figura animada. Aquele balé inédito deixou todos impressionados. Caio também se encontrava boquiaberto, mas por estar tendo a oportunidade de rever aquela façanha ao vivo e a cores.

– Meus amigos, acabaram de se apresentar – encerrava Gertrude em pé entre os dois comediantes. – o maravilhoso Charlie Chaplin e Caio Zip.

Com o entusiasmo descontrolado do público, Caio nem pôde cumprimentar o parceiro. O enxame de aplausos era ensurdecedor e as pessoas se aglomeravam, cercando a grande revelação da noite.

17 - Outro misterioso roubo

Já era de madrugada e só se viam algumas pessoas que teimavam em perpetuar sua estadia nos bares e cafés. Caio e Charlie, mais do que embriagados pela alegria do triunfo na festa, passavam por aqueles boêmios que se misturavam com os varredores de ruas, os leiteiros, os feirantes. Os jornaleiros despertavam o dia com manchetes, aos gritos. Os dois nem se importavam com aquele agito nas ruas parisienses. A única coisa que Caio sonhava naquele instante era poder desmaiar numa cama e dormir o dia inteiro. Por outro lado, Charlie só desejava chegar logo à pensão para pegar o café da manhã sem ter que ouvir a velha dona reclamar do penetra.

Os sonhos tiveram que ser adiados assim que os dois adentraram a recepção. Foi Caio quem notou primeiro o grande alvoroço concentrado na frente do balcão.

– O que está acontecendo? – perguntou Caio à Marine.

– Aconteceu! – alarmou-se a mulher com as mãos juntas aos lábios. – Meu Deus! Isso nunca aconteceu antes aqui na pensão.

– O quê? – disse Charlie, nervoso.

– Tem um ladrão na pensão.

– Como é que é? – custou Caio a acreditar.

– Meu Jesus! – fez a mulher o sinal da cruz. – Roubaram monsieur Jacob durante esta noite.

– Tem certeza?

– Sim, Caio. Alguém foi até o quarto e roubou o pobre homem. E sabe o que mais? – atiçou a fofoqueira. – O ladrão fez isso com a porta e janela trancadas e, pior, com monsieur Jacob dormindo.

– Então não é nada – disse Charlie com os braços cruzados. – Estamos só lidando com um fantasma.

– Cruzes! – assustou-se a mulher.

– Poxa! Não pode ser – insistiu Caio. – Ninguém pode entrar num quarto trancado. Só se for um truque. Ou será que é o mesmo caso do sumiço dos papéis do Albert?

– Como assim? – ficou Marine curiosa.

– A Mary acha que Albert é sonâmbulo e, por isso, ele mesmo sumiu com os rascunhos da teoria que estava trabalhando.

– Você acha que Max também é sonâmbulo? – disse Charlie, segurando o riso. – Essa é fabulosa! Tem um surto de sonambulismo solto na casa.

– Eu não sou sonâmbulo de jeito nenhum – rebateu Max ao ouvir a suposição do rapaz. – Posso garantir a vocês que fui furtado e não foi por mim.

– Mas então, como foi que o ladrão entrou em seu quarto? – interrogou Mary, aproximando-se do pessoal. – Tem algum espaço, algum buraco, ao menos, que se possa passar uma cordinha para puxar o trinco ou algo assim?

– Não, mademoiselle – sofria o jornalista. – Eu já apurei essa hipótese e constatei que não existe nenhuma passagem. A grade da ventilação do meu quarto, por exemplo, está bem vedada.

– Então, como pode ser? – intrigou-se Marine. – Não consigo imaginar como alguém pode ter entrado no quarto.

– A minha pensão! – lastimava-se a dona, aconchegando-se no ombro da assistente. – Isso não pode estar acontecendo. A reputação da minha casa está em jogo. Monsieur, monsieur! – repetiu a velha nervosa, apontando o dedo acusador ao assustado Max. – É, é isso! Monsieur deve ter esquecido os tais esboços em outro lugar. Só pode ser. Ninguém rouba na minha pensão. Isso aqui é um lugar de respeito.

– Roubaram os esboços de Pablo? – disse Caio, vendo o infeliz amigo do pintor confirmando. – E essa agora!

– Eu guardei os esboços numa pasta em cima da mesa e coloquei uma folha em cima, anotando o conteúdo. Enquanto eu estava cochilando, senti um friozinho e quando acordei percebi a folha e a pasta caídas no chão. Acho que vou ter que chamar meu amigo detetive. Talvez ele possa me ajudar.

– Vai chamar a polícia por causa de uns papéis? – abalou-se a senhoria. – Isso não! Mas que exagero.

– Madame – disse Max com uma voz tensa. –, eu prefiro tentar qualquer coisa a confrontar-me com Pablo quando ele souber do acontecido. Ele vai me estrangular quando eu contar. É, estou decidido. Vou chamar Toriop, da delegacia aqui perto.

– Polícia aqui! – aborreceu-se a dona. – Na minha pensão tão familiar!

– Polícia! – apareceu madame Dupin, besuntada com um creme no rosto e envolta num xale que a cobria da cabeça a cintura. – Para quê? Isso é bobagem... Aliás, como pode ter tanta certeza? Como sabe se monsieur durante o sono não cismou de pegar os tais papéis e os colocou em outro lugar?

– Muito simples, madame. Se eu tivesse me levantado da cama, teria derrubado a taça de vinho que ficou ao meu lado quando adormeci; e isso só aconteceu quando me levantei agora de manhã. Olha só! – mostrou Max a mancha da bebida na camisa amarrotada.

O pessoal ficou mais um momento reunido, tentando resolver o mistério, mas Caio, com os olhos quase se fechando, achou melhor sair dali. Foi para a pequena sala, recostou-se no sofá e acabou adormecendo.

– Caio! – chamou Mary, sacudindo o amigo que, sem ter como impedir, teve que despertar. – É melhor você ir para o seu quarto. Madame Blanche vai dar a maior bronca se o vir aí dormindo.

– Que droga! – resmungou Caio, esfregando o rosto. – Não consigo dormir direito desde que vim parar neste tempo.

– O quê você disse?

– Nada, nada. Eu estou com tanto sono que nem sei mais o que estou dizendo. E, afinal, o que ficou resolvido sobre o roubo? O Max vai chamar a polícia?

– Ah, não – Mary arrumava a gola da roupa. – Eu falei com ele e disse que a polícia não vai levar isso a sério. Os papéis não são valiosos.

– Devem ser – disse Caio, sentando-se no sofá ao lado da ruiva. – Ou pelo menos alguém achou que eram. E eu acho que quem quer que seja o ladrão, também roubou os papéis de Albert.

– Que pistas o levaram a concluir isso?

– Pistas? Você não vai me dizer que depois do que aconteceu hoje ainda acredita naquela história de Albert ser sonâmbulo.

– Bem, eu não sei – disse Mary, cabisbaixa. – Eu ainda não tive tempo para investigar, como tinha prometido a Albert.

– Ora, Mary, o Albert mesmo nos disse para não nos basearmos nos nossos sentidos e em nossas observações, pois podem nos levar a uma falsa ideia da verdade. O que devemos fazer é seguir a intuição trilhada pela imaginação, lembra? Pois então, estou apenas seguindo a minha.

– Ah, é? – disse a garota, num tom desafiador. – E o que a sua imaginação diz sobre esse caso?

– Quer saber? Eu acho que os roubos foram feitos por alguém que... Que sabe do futuro. Um viajante do tempo.

– Viajante do tempo, mas que coisa mais absurda! Caio, a sua imaginação descarrilou de vez – a descrente estava a encarar o amigo com cara de zanga.

– Você não aprendeu nada naquela conversa. Esqueceu que Albert disse sobre acharmos viajantes do tempo uma coisa impossível só porque não os vemos a todo o momento? E se esse ladrão sabe que essas anotações serão valiosas... Que a Teoria de Albert vai ser importante daqui a alguns anos, hein? Imagine a fortuna que ele vai ganhar leiloando os primeiros rascunhos da Teoria! E se Pablo também ficar famoso? Os esboços também vão valer outra fortuna!

– Mas que viagem mais alucinante! – ergueu-se a contrariada do sofá. – Caio, será que você não se esqueceu de alguma coisa?

– O quê?

– Vamos imaginar, por um mísero segundo, que existe algum fundamento nessa sua birutice. Você acha que o pessoal do futuro vai ser tolo de comprar umas folhas de rascunho novinhas e ainda por cima sem assinatura do autor? Quem falsifica um Leonardo Da Vinci, por exemplo, sabe que uma das coisas que vai ter que fazer é envelhecer a tela. Só assim terá chance de ter êxito em mostrar sua autenticidade.

– Mas se as pessoas souberem que existe uma máquina do tempo, elas vão saber que as folhas vão ter que estar mesmo novas – resistiu Caio à discussão.

– Caio, se as pessoas do futuro tivessem acesso a uma máquina do tempo, o tempo seria modificado o tempo todo!

– Como é que é?

– Eu estou querendo dizer que se alguém, por exemplo, roubasse o primeiro trabalho de Galileu ou de Newton, o tempo seria alterado e, possivelmente, eles não teriam se tornado conhecidos. Quem sabe o que aconteceria se viagens no tempo fossem possíveis?

Um breve silêncio fez os dois se afrontarem.

– Tá, tá, tá! – desabafou Caio, sentando numa cadeira e escondendo o rosto com as mãos. – Você ganhou. Não quero mais falar sobre isso. Esquece, tá? Eu acho que esse maldito tempo que eu estou aqui... Sem dormir... Está me deixando esquisito – Caio, apesar de chateado por discutir com sua amiga, levantou-se e foi andando para fora da sala.

– Aonde você vai? – surpreendeu-se a impaciente.

– Eu vou sair desta pensão barulhenta. Eu vou arranjar outro lugar pra dormir.

– Mas, Caio! Caio! – gritava a garota para o rapaz que já estava longe. – Não vá! Espere!

18 - As previsões da cigana

Após toda aquela confusão na madrugada, a maioria voltou a dormir mais um pouco. Charlie e Mary tomaram café na cozinha e depois decidiram andar pela cidade à procura do amigo sonolento. Como uma boa investigadora, a ruiva foi presumindo quais os possíveis lugares que Caio poderia ter ido. Começou pelo albergue, tentou o café e por fim...

– Bom dia, Mary! – cumprimentou Pablo ao abrir a porta do ateliê, limpando as mãos numa toalha. – Como vai, rapaz – o pintor abraçou o ator. – Que bela estreia a sua ontem, hein?

– Você assistiu?

– Não, mas Gertie me contou tudo. E então, amigos, entrem, não fiquem parados como estátuas.

– Nós não queremos incomodar. Só estamos procurando... – Mary não conseguiu terminar a frase. Ela ficou muito constrangida, sendo empurrada pelo animado artista para dentro do cômodo.

– Vamos, fiquem à vontade – incentivou Pablo, empurrando os dois para perto de uma mesa redonda. – Querem comer alguma coisa? Hoje eu fiz para o café da manhã omelete du fromage... Se quiserem, podem também se servir do feijão... As batatas fritas são de ontem, mas não são de se jogar fora.

– Caio! – a jovem alegrou-se ao ver o rapaz sentado numa cadeira com a cabeça encostada, cochilando.

– Mary! Charlie! – disse Caio, assustado, saltando da cadeira. – O que estão fazendo aqui?

– Estávamos procurando por você. Hoje é domingo e estamos indo para a estação, mas... Mas, o que é isso que você está usando? – disse a garota, olhando Caio vestido com uma roupa quadriculada que cobria todo seu corpo.

– Eu... Isso não é nada. Bobagem – respondeu o encabulado, tirando a roupa que lembrava macacões usados pelos palhaços. – Eu só estava fazendo um favor para o Pablo. Só isso.

– Isso mesmo – confirmou Pablo, alegre. – Como o meu modelo, o Louie, não apareceu, eu pedi para Caio posar para mim vestido de arlequim.

– E eu só queria um lugar pra dormir – corrigiu Caio, aborrecido, arrancando o gorro colorido com sinetas da cabeça. – Pablo insistiu tanto que acabei aceitando. Só não sabia que ia ser tão cansativo ficar parado, posando.

O artista tirou um pano que cobria uma escultura ainda na fase inicial de uma cabeça.

– Gostaram? – disse ele.

– Eu não sabia que você fazia esculturas – admirou-se Mary.

– Nem eu – sorria Pablo. – Estou dando apenas os primeiros passos.

– Está ficando bem parecido com Caio – disse Mary, observando o modelo que estava a cochilar na cadeira.

– Hoje eu estou me sentindo tão vibrante – o artista agitava os braços com se estivesse empunhando castanholas, pronto para dançar. – Estou produzindo como nunca. Já fiz os esboços da máscara e mais alguns estudos transformando figuras de pessoas e vasos, acentuando formas geométricas... – Mary e Charlie entreolharam-se. Piscavam os olhos para sinalizar qual dos dois contaria sobre o furto na noite passada. O pintor continuou. – Até já comecei o retrato de Gertie... Pena que ela ficou cansada de posar para mim depois da festa e me pediu para sair da casa dela...

– Que inveja! – disse Caio com os braços protegendo os olhos do despertar da manhã.

– Mas não tem importância, terei bastante tempo para convencer Gertie a continuar posando muito mais vezes. Agora, eu quero me empenhar neste novo desafio – Pablo não parava no lugar. – Como gosto desta sensação de vida nas veias. Como gosto de trabalhar e trabalhar, principalmente depois de uma boa noitada.

– Quantos palhaços! – conferiu Charlie ao reparar em uma fileira de quadros com os personagens encostados nas paredes. – Por que tantos?

– Eu adoro pintar o pessoal do circo. Meus melhores amigos trabalham no circo Médrano.

– Eu já vi esse circo. Ele fica lá num prédio no Boulevard de Clichy – disse o comediante. – Nossa! Como eu gostaria de me apresentar num circo. Será que você podia me apresentar ao pessoal de lá?

– Como não? – animou-se o pintor. – Jerônimo Médrano é meu conterrâneo. Aliás, a maioria do pessoal que trabalha lá é espanhol e muitos são de Málaga, assim como eu. Mais tarde vai ter uma sessão. Vocês querem me acompanhar?

– Ir ao circo? – preocupou-se Mary.

– Eu adoro ir lá. Eu vou ao Médrano pelo menos umas três vezes por semana – confessou o pintor.

– Oba! Parece bom – reagiu o ator.

– Querem ir? Depois do circo a gente pode também passar no Moulin Rouge ou no Lapin Agile... O que acham?

– Moulin ou Lapin! – empolgou-se Charlie com os olhos vibrando ao ouvir os nomes dos cabarés mais famosos da região. – Vou, sim!

– Mas, Charlie, e quanto à estação? – pausou Mary ao ver que estava sendo ignorada pelos dois artistas.

Enquanto Pablo trocava ideias com Charlie, Mary ficou a apreciar um grupo de quadros amontoados num canto, iluminados pela luz da manhã. Havia quadros com arlequins figurados de forma solitária envolvidos num mundo melancólico azul. Ainda entre essas telas estavam outras, nas quais emergiam outros personagens, como homens terrivelmente magros, mulheres nuas com meias de seda preta e rostos marcados pelo sofrimento e com olhar pesado... Todas essas figuras fantasmagóricas, esfumaçadas por um azul de puro lamento e miséria, pareciam delatar a crua vida das pessoas marginalizadas na vida real. Naqueles quadros, aqueles seres emergidos do desespero estavam tendo a chance de protestar e denunciar a falsa sociedade que os ignorava. Ali, finalmente, tinham a chance de ser o centro das atenções.

– Foi pensando em Casagemas que fiquei a pintar em azul. – comentou Pablo, fazendo Mary se assustar com sua repentina presença em suas costas.

– Quem é Casagemas?

– Meu amigo de aventuras – elucidou o pintor. – Eu fiquei tão deprimido quando ele se matou. Como ele pôde meter uma bala na cabeça por causa de um amor não correspondido? Fiquei tão arrasado. Eu só conseguia enxergar tristeza a minha volta... É uma pintura molhada azul como o fundo úmido e condoído do abismo. Era assim que eu me sentia quando fiz esses quadros, mas agora deixe essa tristeza no canto. Venha ver os meus últimos trabalhos – Pablo levou a garota para perto dos quadros com temas de circo.

– Você parece que hoje em dia está feliz e bem apaixonado – analisou Mary ao se confrontar com alguns desenhos sensuais e eróticos em cima de uma mesinha. – Parece que Fernande lhe dá muita inspiração.

– Não só ela. Tenho outras – mostrou os quadros azulados num canto. – Tenho a companhia de Madeleine, Margot e...

– Estou vendo – atentou Mary ao reconhecer Alice, a mesma de olhos marcantes e rosto angelical que vira com Maurice no dia da tempestade, ali imortalizada por Pablo. Seu corpo esguio nu era poético, seu pescoço branco exibia traços sensuais pincelados pelo toque de um verdadeiro amante. Ao seu redor havia suaves nuances de tristeza, mas, no centro, vindo de seu ventre, emanava um tom de pura jovialidade.

– A obra de um artista é uma espécie de diário. O que pinto é o que sinto.

– Mas um diário, para mim, não é para ser visto.

– Minha Mary, um quadro só sobrevive graças àquele que olha.

– Bem – disse a jovem inglesa, pegando os desenhos. –, eu não teria coragem de expor, de mostrar essas coisas.

– Ah, querida, "*essas coisas*", como você diz, para mim, é a maneira como eu vejo o amor na sua mais pura essência: duas almas que se unem ao universo. Acho que se alguém me pedisse para retratar como se deu a origem da vida, eu, simplesmente, mostraria esses meus momentos ardentes. Só isso e nada mais.

– Para mim, isso já é muito – a inglesa largou os desenhos, ficando ruborizada.

– Mary, eu já disse a você que precisa perder essa timidez. Se quiser ser uma artista, terá que se arriscar mais.

– Eu sei – disse a jovem com uma expressão marota. – Eu já estou tratando disso.

– Ótimo. Se está realmente empenhada, quero ser o primeiro a contemplar a visão desta nova Mary – Pablo a encarou com ardor. – Você vai posar para mim.

– Você é uma criança grande quando pinta esse pessoal do circo – comentou Charlie, interrompendo a sedução de Pablo. – Eu também me sinto assim quando estou no palco.

– Toda criança é artista. O problema é como permanecer artista depois de crescer – Pablo apanhou um quadro com o desenho de um grupo de saltimbancos.

Mary conversava com Caio e Charlie continuava a apreciar as pinturas quando alguém bateu à porta. Pablo atendeu e ficou eufórico ao ver uma senhora com rosto bastante enrugado trajando uma roupa colorida. Um lenço vermelho cobria os poucos cabelos grisalhos da idosa, mas as argolas douradas penduradas nas orelhas e a quantidade enorme de pulseiras enroscadas nos pequenos braços davam um aspecto alegre e juvenil.

– Morgana! – saudou Pablo, levando a mulher para perto das visitas. – Quero apresentar meus amigos.

– Não é necessário – a mulher afastou o pintor e gesticulou as mãos de forma teatral. – Por cinquenta centavos, eu posso dizer quem são e como será o futuro de cada um.

– Madame Morgana é minha modelo – explicava o pintor. – Ela tem mais de 100 anos e prevê o futuro como nunca vocês viram antes.

– Ver o futuro? – interessou-se Mary. – Isso parece muito divertido.

– Bom para alguns, terrível para outros – definiu a cigana. Sua voz, apesar de fraca, não deixava de hipnotizar todos naquele estúdio. – Hoje você vai ter coragem de ver o seu futuro? – perguntou a senhora ao pintor.

– Eu sou supersticioso, mulher.

– Para você, faço por um dos seus desenhos; e para seus amigos, faço um bom preço.

– Já sei que vou me arrepender. Vá lá! Seja o que o destino mandar. Pode fazer o seu sortilégio.

A cigana de olhos intrigantes ficou a encarar o vazio, enquanto suas mãos liam as linhas das mãos do artista. Com uma voz cavernosa, começou com suas previsões.

– Você será rico e famoso... Tantas mulheres. Tantos amores. Famílias. Alegrias. Você vai evoluir sempre. Vai revelar uma nova visão. Mas... Mas também você vai mostrar tanta tristeza, tantas mortes. Guerra! Outra guerra! Tanta dor. Tanta revolta. A cruz! – gritou. – Cruz negra em fundo branco e vermelho! Cruz gamada que matará milhões! Cruza o mundo retorcido. Cruz do demônio. Bárbaros! São todos bárbaros. Águia! Águia pousada na cruz. A cruz, engrenagem que espalha sementes da opressão. Dor, muita dor. Fogo! Cidades em chamas. Corpos queimados. Cabeça de touro. Cavalo atormentado. Agora vejo... A mulher! Ela carrega no seu colo o início da dor. Piedade! Piedade! Cena coberta de sangue sem cor. Guernica! Guernica!

– Minha nossa! – impressionou-se o artista. – Fui eu que fiz todo esse horror?

– Não – a cigana saiu do transe. – Isso é o que tais bárbaros farão.

– De onde eles são?

– Não vejo mais nada.

Enquanto Charlie e Mary não desviavam um segundo da figura misteriosa, Caio, embriagado de sono, só conseguia ouvir algumas palavras soltas.

– Posso tentar? – disse Mary, esfregando as mãos no vestido como se estivesse a chamar a sorte. A mulher pegou nas mãos da inquieta e começou a manifestar o futuro.

– Será rica e famosa... Casará. Filha. Casará outra vez com alguém mais novo, mas que vive no passado. Ajudará a muitos. Infeliz. Deserto. Múmias. Areias do tempo correm em suas mãos. Mentiras. Mortes. Tantas mortes em suas mãos sem nenhuma gota de sangue... Tanto veneno que usa... – a cigana ficou a encarar a garota que estava com as mãos trêmulas. – Carregará o nome de Cristo para o resto de sua vida! – Mary, assustada, escondeu a mãos frias nas suas costas. – Não vejo mais nada – finalizou a velha com voz abafada.

– De quem é a vez? – ria, nervosamente, Mary. – Caio, que tal você agora?

– Vai, Caio – incentivou Charlie. –, depois vai ser a minha vez.

– Ok – concordou o garoto, sem abrir os olhos. – Já tô indo?

A velha cigana esfregou uma mão na outra com energia. Em seguida, pegou as palmas das mãos de Caio e entrou novamente em transe.

– Será rico e famoso.

– Que bom – interrompeu Charlie. – Todos nessa sala vão ficar ricos e famosos?

– Fique quieto – exigiu a ruiva. A cigana prosseguiu.

– Você será rico e... – a senhora fixou-se no rosto adormecido de Caio. – Será? Foi? É? Você existe? Existiu? Existirá? Você é um espírito errante! – gritou. – Grandes homens andam em seu caminho. Guerras dos homens... Das palavras... Dos deuses! Nuvem dos tempos. Na sua mão, escorre o destino. Você! – a cigana largou a mão do garoto, assustada fez o sinal da cruz – Você é amaldiçoado? Você está perdido! E o seu futuro também! Ouviu, menino?!

– Tá, mãe – respondeu o sonolento, completamente alheio às revelações. – Eu já vou. Só mais um pouquinho.

– Próxima vítima! – brincou Pablo. – Madame hoje está exagerando. Deste jeito ninguém vai dar um centavo.

– Eu não vou – resistiu o ator. – Depois da última encenação dessa velha, sabe lá o que ela vai inventar sobre mim?

– Deixa disso, Charlie – insistiu Mary, mais descontraída. – É só não levar tão a sério.

O rapaz não teve escolha, já que a ruiva persistente o fazia esticar as mãos em direção à vidente. A mulher, de sorriso matreiro, deu início à nova sessão.

– Você será rico e famoso – Charlie segurou o riso. – Vejo risos, muitos risos. E tristezas. O garoto! Vejo... Amores novos, muitos, mas só terá um. Tribunal! Seu mundo é sem cor, plano e silencioso à vista de milhões... Tudo ilusão... Será um grande ditador. Será expulso! Será um homem com grande poder. Não, não! Será acima disso. Será... – Charlie se empertigava e gesticulava com se estivesse ostentando uma manta invisível digna de um imperador. A cigana colocou a mão no peito do cético e finalizou num tom ameaçador. – Será o grande vagabundo.

– Cigana doida! – enfureceu-se o ator, afastando-se da adivinha. Caio, assustado com o berro, chegou a cair da cadeira. – Está pensando que me assusta com essas suas lorotas? – Charlie mordia os lábios. – Eu não tenho medo de suas sinas, ouviu bem? Se tem alguém aqui nessa sala que é amaldiçoada é você!

Charlie saiu do estúdio bruscamente. Mary e Caio se despediram de Pablo, apressadamente, e correram pelo corredor para tentar alcançar o amigo perturbado. Fora do prédio, os dois encontraram Charlie perto do rio. As lágrimas do ator eram reprimidas e o seu silêncio era tão gritante que provocava angústia a quem estivesse ali presente.

– Nunca achei a pobreza atrativa nem edificante – disse Charlie com olhar distante perdido no horizonte. – O que ela me ensinou foi só uma distorção de valores. A fome e o medo do amanhã são sempre duas constantes em minha vida. Por mais rico que eu possa vir a ser, jamais conseguirei me libertar desse medo – suspirou o ator, encarando os dois preocupados. – Sinto-me como um homem perseguido por um fantasma, o fantasma da pobreza – ele apoiou a mão no ombro de cada um. – Entendem agora? Meu maior medo é ter de comer botas assadas pelo resto da minha vida.

– Seu canastrão – sorriu a amiga, dando um soco no ombro de Charlie que ria muito. Caio abraçou os dois.

19 - O enigma

Na plataforma da estação, os três amigos seguiam, ofegantes, atravessando um punhado de passageiros que carregavam suas malas de um lado para o outro. Alguns passageiros estavam sendo seguidos por carregadores sobrecarregados. Por mais que tentassem evitar, os três não conseguiam impedir de serem tragados por aquela confusão espalhada entre o subterrâneo, o depósito de bagagens e os portões de entrada e saída.

Caio e os dois amigos estavam sendo levados por uma maré de embrulhos de uma senhora para a direção oposta à plataforma nº. 2, na qual iriam embarcar. Mesmo com toda aquela confusão, eles conseguiram tomar o controle da situação e puderam alcançar a composição.

Os três estavam a andar pelos vagões, quando foram barrados por um condutor que exigia a apresentação dos bilhetes.

– Mademoiselle – disse o funcionário, perfurando o bilhete de Mary –, por favor, pode acomodar-se na cabine, se preferir. Posso avisar a sua empregada para onde deve levar sua bagagem de mão.

– Empregada? – Mary ficou lisonjeada com o tratamento do homem. Ela presumiu que isso se devia à sua elegância e, por achar a situação engraçada, decidiu manter a falsa impressão. – Minha empregada não virá desta vez.

– Sim, entendo – disse o servidor, olhando as roupas dos dois rapazes. – Talvez queira que eu arranje acomodações apropriadas para seus criados no último vagão.

Os dois, revoltados, ficaram a encarar Mary que se divertia com a situação.

– Não será necessário – prosseguiu a garota com o nariz empertigado. –

Meus secretários estão me acompanhando e depois irão servir minha refeição.

– Como queira, mademoiselle. Se precisar, estou ao seu inteiro dispor.

O homem se retirou. Os dois rapazes cruzaram os braços cruzados, esperando uma explicação da amiga.

– O que estão esperando? – disse ela num tom autoritário. – Sirvam-me um chá.

Com um suspiro, Caio recostou-se num dos bancos da terceira classe. Cinco minutos depois, os apitos soaram e a composição partiu. Enquanto Mary ficava a consultar o mapa, os dois ficaram cada um de um lado do vagão a fim de se concentrarem na paisagem. A viagem foi muito monótona, pois tudo o que se via era apenas lugares descampados polvilhados de cabanas e mais alguns prédios seguindo as linhas dos trens.

– Não acho que o assassino tenha jogado o corpo nesta redondeza – disse Charlie, desanimado. – Aqui tem muito movimento. Não tem como esconder um corpo.

– É – concordou Caio, sem desviar a atenção do campo quase sem árvores. – Qualquer pessoa teria encontrado. Como é que o desgraçado se desfez do corpo?

– Não fique assim – zangou-se Mary, trilhando o mapa com os dedos. – Ainda falta um bom pedaço da viagem. Até a próxima estação podemos ter alguma ideia de como o assassino se livrou do corpo.

– Não estou gostando nada disso – desabafou Caio. – Já pensou se não acharmos nada? A gente vai ter que desistir de vez.

– Que isso! – ralhou Mary. – Se não tivermos pistas suficientes para solucionar o caso, teremos que usar a imaginação.

– Imaginação eu tenho, mas não acredito que ela vai acabar com todo esse mistério.

– Calma, Caio, não desista. A gente vai conseguir algo. Eu sinto.

Ao final do percurso, o trem passou por uma curva acentuada que o obrigou a andar bem devagar.

– Que lugar é esse? – questionou Caio, olhando ao redor.

– Estamos perto da estação La Chapelle – respondeu Charlie.

– Capela? – interessou-se Mary, dobrando o mapa e indo até a janela. – Aquela ali na frente é a capela? – É! Toda esta região pertence à capela de

Santa Helena.

– Ela é muito visitada?

– Não sei. Acho que só o pessoal daqui da região... Não tenho ideia.

– Por que esse interesse pela capela? – desconfiou Caio ao reparar nos olhos brilhando da amiga.

– Capelas – Mary persistiu no mistério. – Acho que estou começando a trilhar a minha imaginação.

– Diga logo o que você está pensando – pediu Charlie.

– Não, ainda é cedo. Vamos – Mary se dirigiu à porta. – Vamos parar por aqui e andar um pouco.

Os três saíram do trem e vagaram pela estação La Chapelle. Mary, ao ver uma senhora carregando uma cesta, correu para ver se conseguia alcançá-la. Feliz, voltou para os dois que a esperavam na plataforma, carregando um pacote contendo uma dúzia de maçãs. Elas estavam tão cheirosas que os parceiros gulosos pegaram rapidamente. Quando chegou o trem com destino a Paris, os três embarcaram. Durante a viagem, Mary olhava a paisagem, mas seus pensamentos pareciam estar bem longe dali.

– Vai contar? – perguntou Caio, sentando-se ao lado dela.

– O quê?

– Você está escondendo alguma coisa sobre aquela capela.

– Caio, por que você não descansa um pouco?

– Agora eu não consigo – disse Caio, jogando-se contra o encosto com os braços cruzados. – Você me deixou curioso demais!

– O que acha de um passatempo? – sugeriu a garota, oferecendo uma maçã. – Se acertar, conto a você a minha ideia.

– De que tipo? – Disse ele, mordendo a fruta.

– Minha irmã e eu gostávamos muito de inventar histórias de suspense aterrorizantes, mas também adorávamos desafiar uma a outra com charadas.

– Alguém falou em charada? – juntou-se Charlie aos dois.

– Eu gosto – disse Caio com a boca cheia. – Manda ver, Mary.

– É – riu Charlie, espalhando-se no banco de frente para os dois amigos. – Pode mandar.

– Está bem – a garota deixou o pacote no colo, lambeu os dedos e ajeitou o vestido. – Um diretor de uma penitenciária estava consultando as fichas de condenados à morte e descobriu que três das fichas haviam se misturado por engano. As três fichas eram de presidiários que teriam apenas que cumprir seus anos de prisão e em seguida deveriam ser libertados. O diretor chamou a secretária e pediu que ela levasse as fichas ao arquivo certo. A secretária levou todas as fichas e acabou misturando-as de novo. Como ela não quis contar ao diretor, ela tentou resolver o problema sozinha. A única coisa que ela lembrava sobre as fichas que deveriam ser separadas era que o produto dos anos das três condenações dava 36 e a soma dava exatamente... – Mary parou um instante. Súbito, ela apontou para janela. – O número da placa naquele carro ali.

Caio, muito rápido, tentou ver a placa no carro, mas não teve sorte.

– E agora pergunto a vocês: quantos anos cada um dos três presos deveria cumprir?

– Ei, espera um pouco! – reclamou Charlie. – Eu consegui ver a placa do carro.

– Ah, eu ainda não terminei. Mesmo a secretária sabendo do valor da soma, ela não conseguiu solucionar. Daí ela se lembrou de outra coisa importante: o condenado com a maior sentença toca violão. E aí, vão desistir?

Caio pegou um papel e foi listando todas as possibilidades. Começou verificando três números, cujo produto resultava 36 e foi fazendo as somas dos três números de cada produto...

36 x 1 x 1 = 36 a soma dos valores, 36 + 1 + 1, dá 38
6 x 6 x 1 = 36 soma = 13
18 x 2 x 1 = 36 soma = 21
1 x 12 x 3 = 36 soma = 16
4 x 1 x 9 = 36 soma = 14
2 x 2 x 9 = 36 soma = 13
2 x 3 x 6 = 36 soma = 11

– Isso não é justo – protestava Charlie. – Eu não sei o número que estava na placa.

– Da mesma forma que estamos trabalhando no caso sem o corpo da vítima, você pode tentar resolver esse problema sem ter visto a placa. Pense que vai conseguir – incentivou Mary servindo-se de mais uma maçã. – Caio já está tentando.

Charlie ficou nas costas de Caio e aproveitou para dar uma olhada no papel com os produtos e somas.

– Essa última dica não está ajudando muito – disse Caio, analisando os resultados. – Por que saber que alguém toca violão ajuda a resolver o problema? E tem pelo menos seis produtos em que um dos valores satisfaz a condição de um deles ter a maior sentença.

– Assim, você só eliminou um – verificou Charlie. – Esse aqui – sublinhou o rapaz o produto 6 x 6 x 1 = 36.

– Como uma secretária tão atrapalhada descobriu os tempos das três condenações?

– Foi fácil pra secretária. Ela sabia o valor da soma – resmungou o ator. – Se a gente tivesse visto o número na placa também saberia.

– Mas tem alguma coisa errada – desconfiou Caio com expressão tensa, voltando a olhar para aqueles números. Havia qualquer coisa ali que o incomodava. Naquela lista, algo passava despercebido perante seus olhos cansados. – Por que mesmo a secretária sabendo do resultado da soma não conseguiu resolver? Por que ela precisava saber dessa última dica que não está ajudando nada?

Caio olhou para Mary, que parecia estar se divertindo novamente à custa daquela charada enrolada. Apesar de estar muito nervoso com o tempo que estava levando para achar a solução, ele decidiu abster-se de tudo ao seu redor. Fechou os olhos e deixou sua mente fluir despreocupada.

– Iuhuuuu! – começou o comediante a pular sobre os bancos dos outros passageiros, improvisando um balé.

– O que é isso! – assustou-se Mary. – O que deu em você, Charlie?

– É assim que faço quando tenho problemas.

– Endoidando de vez? – zombou Caio.

– E por que não? – o comediante rodava por entre os passageiros abismados. – Se eu ficar pensando em problemas, vou acabar me esquentando e aí não vou conseguir resolver de jeito nenhum.

De repente, o cômico teve que parar com a agitação quando esbarrou no condutor, de mãos na cintura, batendo o pé. Charlie ficou com as mãos entrelaçadas apoiadas sobre os joelhos, piscando seguidamente os olhos. O funcionário mal-humorado encarou severamente aquele ator meigo. Ao ver que não havia surtido efeito, o ator pegou a mão do enfezado e cumprimentou-o. Sacudiu tanto os braços de ambos que provocou risadas na plateia. Depois, mantendo-se sorridente, sentou-se bem comportado. O condutor, satisfeito, se retirou. Charlie deu uma espiada e, certificando-se de que o funcionário estava longe, prosseguiu o balé. Com o campo livre, ele voltou à ação, agora usando um enorme balão que pertencia a um menino. Uma música imaginária traçava o bailado do balão jogado para o alto pelo ator. Ele amparava a queda suave do brinquedo com os braços, a cabeça, o peito, os joelhos, o calcanhar... Piruetas, saltos e giros atraíam todos os olhares... Por fim, enquanto a balão subia bem alto, o ator pegou uma das flores que decorava o chapéu de uma senhora e, carinhosamente, ajoelhou-se diante da amiga ruiva. O público nem ousava piscar. O ator olhava de forma apaixonada, segurando a flor com uma mão e com a outra amparava a queda do balão. Sob o delírio da plateia, Charlie largou o brinquedo e beijou delicadamente a mão da encabulada. – Querida, Mary – ele sussurrou para ela – Agora me diga!

– Sim – ela respondeu quase num suspiro.

– O que a sua imaginação trilhou?

– Vá sonhando, meu amor – respondeu a ruiva num tom suave, mas levantando bruscamente. – Não vai ser assim que vai conseguir. Eu guardo muito bem os meus segredos.

Caio não parava de rir da situação, enquanto Charlie, ainda ajoelhado, ficou emburrado.

O tempo naquele trem custava a passar e Caio continuava a olhar a paisagem sem graça. Mary procurava no saco de papel mais uma maçã.

– Caio, deixe-me dar mais uma olhada na charada – pediu Charlie, inesperadamente.

Charlie tomou o papel com a lista de somas e mais uma vez concentrou-se no problema. Mais quinze minutos se passaram.

– Caio – Charlie estava com olhos arregalados. De súbito a fisionomia do ator mudou completamente. Uma estranha e inesperada sensação de triunfo se ergueu. – Olha o que a gente fez!

– O quê?

– Olha aqui! Olha o resultado da soma desse que havíamos eliminado.

– Sim. A soma dele dá 13 e... – Caio pegou o papel e releu atentamente todas as somas. – Eu não acredito. É isso! – gritou Caio. Os dois olharam um para o outro e riram. – Então foi por isso que a secretária, mesmo sabendo o valor da soma, não conseguiu resolver, não é? Conseguimos resolver!

– Nós, não! Eu consegui – corrigiu Charlie.

– Se pensam que vou cair nesse blefe, rapazes, estão muito enganados.

– Blefe? – espantou-se Charlie. – Então está bem. Eu vou dizer – ele limpou a garganta e pronunciou num tom eloquente. – A resposta da sua charada é: os dois primeiros condenados saem daqui a 2 anos e...

– O terceiro sai com 9 anos de condenação – emendou Caio, batendo a mão contra a palma da mão do parceiro.

– Só para averiguar – desconfiou Mary. – Como chegaram a essa conclusão?

– Foi por causa da última dica – observou Caio. – Ora, a secretária não conseguia resolver porque duas somas tinham o mesmo resultado daquela placa.

– As duas somas davam 13 – comparou Charlie saltitante. – Como a dica dizia que o condenado com a maior sentença toca violão, então há um prisioneiro com uma sentença maior que a dos outros. E o fato de tocar violão era apenas pra enganar... Não tinha nada a ver. Então, entre as duas somas, 6 + 6 + 1 e 2 + 2 + 9, só poderia ser a segunda alternativa.

– Que idiotas nós fomos – Caio esfregava a cabeça, ainda se sentindo bem agitado. – A gente não tinha nada que eliminar aquela soma.

– É – Charlie apoiou a mão na parede e cruzou as pernas. – A charada é complicada porque a gente não percebe a sutileza desse detalhe.

– Então, vocês estão começando a pensar como detetives – Mary acabou de comer a última maçã e lambeu os dedos sem pressa. – Agora deve ser mais fácil pra vocês perceberem uma coisa: só porque um suspeito não é o assassino não quer dizer que ele deva ser eliminado do caso. Nada impede que o suspeito possa ser a chave do crime.

– Tá, tá certo, Mary. Já entendemos – concordou Caio, impaciente. – Mas agora não enrole mais. Diga o que você descobriu.

Ela jogou o saco vazio no lixo e sorriu para os dois que não suportavam mais o suspense. Seguida pelos companheiros de viagem, ela foi para porta.

– Capelas – disse ela.

– Sim, sim – disse Caio, aflito. – O que têm elas?

– Capelas têm cemitérios.

Caio e Charlie entreolharam-se, perplexos, enquanto a detetive saía do trem.

20 - A entrega

– Bom dia! – disse Mary, na manhã seguinte, para Caio que se servia de uma xícara de chocolate quente.

– Olá, Mary!

– Dormiu bem? – ela tocou com cuidado o bule em cima do fogão para ver se ainda estava quente.

– Nem acredito! – suspirou o rapaz, pegando o casaco. – Até que enfim eu consegui dormir uma noite inteira.

– Que bom – disse a jovem, passando manteiga numa torrada – Não aguentava mais conversar com um sonâmbulo. Você me espera terminar o meu café? Eu vou tomar rapidinho.

– Esperar?

– Quero ir com você – Mary tomou um gole de leite coberto com uma boa dose de creme. – Depois do seu trabalho, a gente poderia passar na capela Santa Helena. O que acha?

– Mas pra quê?

– Ora, Caio! Pensei que já tivesse entendido sobre o cemitério.

– Sim. Você acha que o assassino aproveitou que o trem passava perto da capela que tem um cemitério, saltou do trem junto com o corpo e o enterrou lá. Você está pensando em ir ao cemitério e desenterrar o corpo?

– Não seja bobo. Eu só quero ver o lugar. Talvez alguém tenha visto algo. E além do mais...

– O quê?

– O cadáver estava vestido de mendigo. Ele poderia mandar alguém enterrar o pobre coitado como indigente e ninguém faria perguntas de como ele morreu.

– Mary, eu estava pensando. Não é muita coincidência ter um cemitério ali, justamente por onde o trem passa mais devagar... E essa história de o homem já estar vestido de mendigo...

– Sim, Caio, você está certo. Estou chegando à conclusão de que o crime foi premeditado. De alguma forma, o assassino levou a vítima ao vagão e ainda por cima convenceu o sujeito de vestir aquela roupa.

– É, faz sentido – ficou Caio pensativo. – O desgraçado deveria conhecer o morto. Poderiam ser até amigos. Que absurdo! Quando me lembro do rosto do coitado me pedindo ajuda... Morreu pelas mãos de um amigo? Que traidor.

– Sim – lamentou Mary. – O tal homem de terno preto deveria estar fingindo que estava ajudando o amigo a sair escondido da cidade disfarçado de mendigo.

– Do que será que ele estava fugindo?

– Ainda temos chance de descobrir o que houve... Se não tudo, no mínimo, um bom pedaço.

– Eu quero descobrir só uma coisa: Quem é o maldito assassino. Isso não sai de jeito nenhum da minha cabeça.

– Nem precisava dizer – disse Mary, limpando os lábios rapidamente. Ela pegou o chapéu e os dois saíram da cozinha.

Ao passarem pela recepção, os dois se detiveram ao verem Max e Pablo perto da porta da sala. O esquentado espanhol deixava todos que passavam chocados com seus violentos ataques contra Max, que apenas se defendia com as mãos compreensivas.

– Que droga! – lamentou Caio. – Pablo descobriu sobre o furto. Lá se vai uma grande amizade. E tudo por causa de uns esboços – deu um suspiro. – Vamos? – ele puxou Mary, mas ela recusou. Por alguma razão, Mary parecia estar muito preocupada com aquela discussão.

– Algum problema? – perguntou Caio.

– Não, não! Bobagem – sorriu Mary, sem muito entusiasmo. – Vamos embora.

Ao entrarem no albergue, Mary e Caio caminharam para o escritório. Lá estava a assistente, madame Dupin, organizando as cartas. A mulher estava dobrando uma folha e a colocando dentro do envelope, quando viu os dois.

– Mademoiselle Miller, que prazer vê-la aqui.

– Como está, madame Dupin, eu vim acompanhar Caio nas entregas.

– Ah, soube que ficaram muito amigos – a forma que a mulher insinuou algo naquela amizade deixou Mary encabulada.

Atrás dos dois parados na porta do escritório surgiu o pastor Samuel. Uma irritante tosse encatarrada fazia o pastor ficar ali parado como se estivesse prestes a se sufocar.

– Monsieur tem que cuidar dessa tosse – preocupou-se a assistente. – Ainda não falou com o doutor Boir?

– Está tudo bem – teimou o pastor, assoando o nariz com um lenço enorme. – Eu já tenho isso há anos.

– Mesmo assim. Isso está piorando muito. Não custa nada falar com um médico.

– Pode deixar. Eu vou ficar bem. Se Deus quiser – o homem pegou uma xícara quente, mas o lenço enorme o fez derramar o chá. O desajeitado deu um sorriso forçado e se retirou.

A mulher, tão logo o pastor saiu, pegou um guardanapo. Com muita agilidade, abaixou-se e tratou de limpar o local sem deixar nenhum vestígio.

– Qual vai ser minha entrega de hoje? – perguntou Caio enquanto a mulher voltava para mesa.

– Deixe-me ver... – Madame Dupin consultou um caderno de capa preta, mas não encontrava a folha com os dados. Mary esperava, calmamente, apreciando os peixes do aquário. – Ah, aqui está! – disse a senhora. – O pastor quer que você vá à igreja de Santa Joana D'Arc – a assistente foi até o armário, pegou o pacote amarelo e o entregou a Caio. – O endereço é Rua de La Chapelle, 18.

Após se despedirem da senhora, os dois se dirigiram para porta.

– Espere! – disse ela, voltando para mesa. – Você esqueceu os trocados, meu filho – a bondosa mulher colocou as moedas no bolso do casaco, abraçou-o com ternura. Depois, sentou-se e retornou à rotina de lamber a borda dos envelopes e lacrá-los.

– Todo dia a mesma coisa – disse Caio a Mary, enquanto abria a porta do albergue que dava para rua. – Eu chego aqui e ela está sempre ali sentada, arrumando aquelas cartas que não acabam nunca. Daí ela me entrega o pacote e cisma de colocar umas moedas no meu bolso como se eu fosse uma criancinha... Droga! Não gosto de nada disso, mas pelo jeito madame Dupin não vive sem fazer suas chatas tarefas.

– Ela é organizada que é um exagero. Como gosta de tudo limpinho. Dá até arrepio quando fico perto dela.

Mary conversava, mas não deixava de observar dois mendigos carregando pacotes parecidos com o que Caio levava no bolso. A única coisa que os diferenciava era a cor do embrulho. Um carro passou buzinando e Mary, como que despertada, deixou de lado aquela cena.

– Que trabalho mais chato! – continuou Caio.

– Mas até que você tem sorte.

– Tenho?

– Poderia ser bem pior se você ainda estivesse trabalhando para madame Blanche.

– Nem precisa lembrar. Aquela mulher não consegue viver sem reclamar nem um minuto.

Ela deu um pequeno sorriso e os dois foram caminhando pela rua de mãos dadas.

– Bom dia! – disse a atendente da igreja Santa Joana D'Arc. – Posso ajudá-los?

– Eu vim entregar esse pacote – disse Caio.

– Ah, sim. Por favor, deixe o seu... – a mulher olhou para Mary e deu um leve sorriso. – Podem deixar aqui os seus casacos e entrar ali naquela saleta. Eu vou chamar frei Juan.

Caio e Mary tiraram seus pertences e ficaram à espera do religioso.

– Pensei que fosse ser mais rápido – disse Mary, consultando o relógio na parede. – Assim vai ficar tarde para ir até a capela.

– É sempre assim – queixou-se Caio. – Em todas as entregas, eles sempre me deixam de molho. Isso é tão chato. Por mim, eu entregava na porta e pronto.

– Sempre é assim?

Um homem magro e baixo abriu a porta, fazendo os impacientes se levantarem.

– Sim, meus jovens, querem falar comigo?

– Na verdade – disse Caio com a mão esticada. –, eu só queria entregar esse pacote que o pastor Samuel mandou.

– Muito bem, meu rapaz – pegou o religioso a encomenda. – Mais alguma coisa?

– Isso é tudo – disse Caio, despedindo-se do frei.

– Que Deus os acompanhe.

– Se nos apressarmos ainda teremos chance de chegar na capela – disse ela, pegando o casaco.

21 - O novo crime

Os dois apressados já se encontravam fora da estação de trem, passando por uma rua margeada por casas de tijolos. De repente, Caio parou, abismado com a presença de um galo passeando no meio da rua de terra batida. Um grupo de crianças descalças, brincando de jogar pião também o deixou curioso. Tudo aquilo parecia de outro mundo para o rapaz do futuro. Mary teve que puxá-lo, assim como teve que também perguntar a orientação aos moradores que indicaram o fim da rua para se chegar à pequena capela amarela de torre pontiaguda.

– O que está fazendo, Mary? – Caio observava Mary escolhendo umas flores junto a uma vendedora.

– Nada, Caio, só estou seguindo um dos métodos de investigação de Sherlock.

– Do que está falando?

– É melhor mostrar do que dizer.

Ambos caminharam direto para o pequeno cemitério no fundo da capela. Ficaram a revistar os túmulos cobertos por terra que possuíam apenas uma pequena cruz de madeira para demarcá-los. Enquanto andavam pelas estreitas trilhas, um homem carregando uma pá aproximou-se dos dois visitantes.

– Boa Tarde, monsieur! – saudou Mary, empunhando o pequeno ramalhete. – Será que poderia nos ajudar?

– Sim, mademoiselle, o que quer?

– Minha vizinha perdeu o sobrinho e, como ela está muito doente, pediu-me para trazer estas flores para o pequeno Fred... Só que eu não sei onde ele está enterrado.

– Como é o nome dele?

– Era Frederick Miller.

– Ih, mademoiselle, eu não sei não. Eu nunca ouvi esse nome.

– Será que não daria para a gente dar uma olhada no obituário? – simulou a garota uma lágrima.

– Só se falar com o padre Afonsin. É ele quem cuida de tudo.

– Ah, obrigada – quando Mary estava para se retirar acompanhada por Caio, súbito, ela se aproximou novamente do empregado. – Todas essas covas são cuidadas pelo senhor?

– São sim.

– E essas pobres almas são todas de indigentes?

– Isso mesmo.

– Que bom que eles têm uma pessoa atenciosa para guardá-los.

– Puxa, obrigado – envaideceu-se o humilde coveiro.

– Pela quantidade de covas... Monsieur enterrou muito nos últimos dias?

– Não, mademoiselle, até que nessa semana só apareceram, uma velhinha e cinco homens.

– É só monsieur que cuida de tudo ou tem mais alguém para ajudar?

– Só eu – apoiou o coveiro a pá no chão. – Eu faço tudo aqui sozinho. Faço os caixões, faço as covas e enterro.

– O seu trabalho é muito especial. Não é qualquer um que tem estômago para cuidar de um morto – Mary sorriu e o coveiro retribuiu, exibindo os dentes maltratados. – Deve ganhar muito bem.

– Que nada – cuspiu o homem. – Se eu ganhasse por cada um que já enterrei, minha vida seria bem melhor.

– Bom, sem dúvida, monsieur está numa situação melhor que as cinco pobres almas que enterrou... Eles eram todos mendigos?

– Só dois deles.

– Coitados! – disse Mary, passando um lenço no rosto. – Como deve ser triste morrer na sarjeta, doente, com frio, só com a companhia de uma garrafa...

– Ah, mas um deles foi é morto.

– Mataram o pobre? Mas como mataram?

– Ele morreu estrangulado.

– Estrangulado! – assustou-se Caio. – E ele vai ser enterrado sem a polícia tentar descobrir o que houve?

– Ei, moço, eu não sei de nada disso – falou o funcionário, erguendo a pá. – Quando os defuntos vêm pra cá, eles já passaram pela triagem lá do necrotério do centro da cidade. O meu trabalho é fazer o caixão e enterrá-los. Entende, rapazinho?

– Que droga! – enfezou-se Caio. Mary tentou fazer o amigo parar, mas não conseguiu e Caio continuou com a zanga. – O homem foi estrangulado e ninguém liga.

– Eu não posso ficar pensando nessas coisas, garoto – alterou a voz o coveiro. – Já é muito difícil ver gente morta todos os dias. Para que eu vou me preocupar com um mendigo? Pior é enterrar anjinhos, sabia?

– Monsieur tem toda razão – abrandou a garota a discussão. – É triste, mas ninguém pode fazer nada sobre a perda das pobres criancinhas ou desse mendigo velho e maltratado.

– Mas este não era velho, não. Devia ter uns 30 anos e, pelo que me lembro, até que tinha bom corpo pra um mendigo. O defunto possuía até dente de ouro. Onde já se viu...

– Quem diria! – arregalou os olhos a ruiva satisfeita com o rumo de suas investigações.

– Ninguém liga – teimou Caio com a bronca.

– Se quer saber – desabafou o trabalhador. – Se a polícia tinha que investigar um estrangulado, tinha mais era que se preocupar com a moça.

– Que moça? – perguntou Mary, encarando Caio que também estava surpreso.

– A tal mulher que eu enterrei há duas semanas. Essa sim, é que a polícia deveria descobrir quem a matou. Ela era tão bonita, me fez lembrar tanto da minha mulher quando éramos namorados. Isso sim foi uma perda. Que malvadeza. Coisa de gente pra lá de ruim.

– Pode deixar, monsieur – confortou Mary o coveiro agoniado. – Tenho certeza que um dia vão pegar esse monstro.

– Se Deus quiser – fez o homem o sinal da cruz. – Nosso Senhor há de querer.

22 - Confissões e descobertas de Mary

Caio e Mary subiram as escadas da pensão e pararam na frente de um dos quartos. Antes de Mary abrir a porta, ela se abaixou. Devagar, foi tateando a fresta até se deparar com um minúsculo fio de cabelo esticado.

– Pra que isso? – estranhou Caio. – Tá com medo que alguém roube o seu quarto?

– Sempre faço isso – disse a garota, abrindo a porta. – Era o único jeito de saber se o meu irmão tinha dado uma de abelhudo, mexendo nas minhas coisas lá em casa. Colocava fio de cabelo em tudo que era lugar.

Mary foi tirando o chapéu e o colocando junto com os outros espalhados em cima de um dos enormes baús que tomavam quase todo o espaço do quarto. O quarto estava desarrumado, rodeado por malas, roupas e, especialmente, com pilhas e mais pilhas de livros. Curioso, Caio leu os títulos nas lombadas de alguns. Conan Doyle, Edgar Alan Poe e Walter Scott eram alguns autores que surgiam. O livro *Os Três Mosqueteiros* estava espremido pelo *Fausto* de um lado e *Drácula* do outro. *Moby Dick* estava quase caindo sobre *A Ilha do Tesouro* e *O Conde de Monte Cristo*.

– Você tem bons livros aqui!

– Minha mãe não acha.

– Como assim?

– Ela não pensa que essa literatura seja apropriada para uma moça de família. Prefere que eu leia romances bem doces, ou seja, maçantes – Mary pegou um dos livros e o abraçou. – Minha mãe não me entende. Não sabe o quanto eu gosto de histórias de ação ou com finais inesperados ou até bem tristes – Mary se sentou e colocou o livro em cima da mesinha. – É melhor guardar tudo isso aqui. – disse ela ao reparar num amontoado de folhas soltas de jornal em cima da cama. – Se minha mãe os achar é capaz de brigar, e eu não quero aborrecê-la.

– Por que guarda esses artigos? – Caio pegou uma das folhas.

– São os capítulos do livro "A Busca dos Tesouros da Manhã" de Gaston Leroux. Eu adoro essa história. Já ouviu falar?

– Não foi ele que escreveu o Fantasma da Ópera?

– Fantasma da Ópera! Que nome bom para uma história. Eu nunca ouvi falar. Como é esse livro?

– Eu me enganei. – ele devolveu a folha. – Mas... Do que se trata esse Busca dos Tesouros?

– É sobre um famoso ladrão que viveu no século XVIII, Louis Cartouche, que teria deixado uma fortuna espalhada em vários esconderijos aqui em Paris. Na época que saíram esses capítulos, os donos do jornal aproveitaram que as pessoas gostaram e esconderam sete sacolas com dinheiro. Os leitores poderiam descobri-las usando as pistas deixadas por Leroux nesses textos – a garota foi colocando com cuidado as folhas de jornal numa pasta. – Pena que eu não estava aqui quando isso foi publicado. Tenho certeza que eu acharia no mínimo duas sacolas – ela ajeitou uns cadernos de ortografia em cima da mesa, enquanto Caio folheava alguns livros.

– Esses livros são todos seus?

– Sim. Por quê?

– Por que todos eles têm as inicias "A. M. C. M." ?

– É o meu nome de batismo – a ruiva colocou a mão no rosto encabulado. – Sou Agatha Mary Clarissa Miller.

– Mas então porque se apresenta como Mary?

– Eu não gosto de Agatha. Soa mal principalmente do apelido que me chamam. Se há uma coisa que eu não suporto é quando escuto *Aggie* pra lá, *Aggie* pra cá...

– Ah, entendi. Seu apelido soa com se estivessem a chamá-la de ovo em inglês – riu Caio.

– Viu! É disso que eu detesto! Eu queria mesmo que me chamassem de Mary e pronto – Mary ergueu a cabeça com satisfação. – Bem, pelo menos, aqui em Paris eu consegui isso. Todos me chamam de Mary Miller. Ah, como soa bem... Mas deixa isso pra lá – ela se jogou na cama, esticando os braços acima da cabeça. – O dia hoje foi mais do que perfeito, não achou?

Achamos o corpo! – deu pequenas sacudidas, fazendo o colchão seguir o ritmo. – Não vejo a hora de contar o que descobrimos para Charlie. Ele vai cair pra trás.

– Ele vai cair quando souber que temos dois corpos, isso sim – Caio folheava mais um livro, sentado ao lado de Mary.

– Disso a gente ainda não sabe ao certo, Caio.

– Você ainda acha que aquela mulher que o coveiro falou não tem a nada a ver com o crime?

– Eu não sei – ela se sentou com as mãos tensas apoiadas no colchão. –, mas se tiver alguma relação, temos um homem pra lá de perigoso solto por aí.

– É um homem que a gente não tem a mínima ideia de quem é – Caio parou de ver os livros. – A gente nem descobriu quem é o homem que está enterrado. O que vamos fazer?

– Acho que não tem jeito. Vamos ter que procurar a polícia e contar sobre o corpo...

– Você vai procurar a polícia... Só com isso? – Mary não se mexia. – Você está brincando? – Caio bateu a mão contra o colchão. – Eu até já estou imaginando: entramos na delegacia, vamos direto para o policial de plantão e diremos: "Policial, nós encontramos um homem estrangulado". "Onde?" Pergunta ele e aí eu digo: "Lá no cemitério." Se ele não morrer de rir, no mínimo eles nos põe pra rua.

– Tem que haver alguma coisa – ela se levantou. – Eu não posso acreditar que esse é o fim da linha. Esse homem não pode ficar matando desse jeito.

– Estava pensando... O que acha de tentarmos fazer um retrato falado?

– Retrato falado – ficou a jovem pensativa.

– É! A gente podia pedir a Pablo para desenhar a vítima.

– Eu não acho uma boa ideia pedir pra ele.

– Por que não?

– Ora, do jeito que ele agora vive pensando na quarta dimensão, eu acho que vai sair um rosto de frente, de lado e de costas... Vai sair tão distorcido que nem a mãe do coitado do morto iria reconhecer.

– Tá – concordou o garoto. – Então vamos pedir a outro. O que não falta em Montmartre é desenhista.

– Mas para quem vamos mostrar? – preocupou-se Mary. – Isso pode até ser perigoso. Já pensou no que poderia acontecer com a gente, contando isso por aí?

– Eu não posso desistir – disse Caio, deitando-se. – Ver um crime e não poder fazer nada me deixa com muita raiva – desanimado, fechou os olhos.

Passou um tempo e Caio já se encontrava em sono profundo.

Mary não sabia mais o que fazer para animar o amigo, então decidiu pegar seu diário em que constavam todas as pistas do caso. Repassava as suas observações, pedaço por pedaço. Sua intuição dizia que estava deixando alguma coisa importante passar por entre seus dedos, mas, por mais que lesse e relesse, não conseguia ver nada naqueles garranchos.

– Ei! – o adormecido gritou, sobressaltado, ao sentir algo em seu peito.

– Ah, não! – disse Mary apressada, pegando um animal de cima de Caio. – Como pude esquecer você, pobrezinho.

– De onde veio esse macaquinho?

– Ele é meu amigo.

– Que susto ele me deu.

– Desculpa, Caio! – ela acariciava o animal. – Eu o ensinei a ficar escondido. Ele só sai ao anoitecer, mas eu acho que ele se confundiu ao ver você dormindo.

– Por que você o esconde?

– Por causa da minha mãe. Ela não iria gostar.

– Puxa! Então como é que você conseguiu esse mico? – Caio brincava com o animal alegre.

– Toda vez que tinha uma feira, eu ia com meus irmãos. Adorava o carrossel, mas a minha paixão era pelos macacos de brinquedo que pareciam tão reais. Eles só custavam um penny! Todo ano eu comprava oito deles aumentando minha coleção. Um dia, eu vi um tocador de realejo. Ele estava oferecendo um macaquinho muito doente, pois ele já havia conseguido um mais novo. Eu não resisti – Mary foi até atrás dos livros e pegou umas bananas e deu para o mico. – A carinha dele estava me implorando... Não teve jeito, pedi ao homem que me desse o bichinho e o levei pra minha casa. Essa foi minha melhor aquisição. Mamãe nunca desconfiou que no meio de tantos macacos de brinquedo existiria um de verdade. Eu sabia que ela não iria deixar ficar com ele, mas eu também não podia deixar o pobrezinho naquele estado. O homem iria deixá-lo abandonado! – ela ofereceu a Caio alguns bombons que estavam escondidos numa capa falsa do livro intitulado "*Robson Crusoé*". – Até hoje mamãe acha que ele é o meu amiguinho invisível que eu vivo alimentando. Eu aprendi a cuidar dele, e com a ajuda de um veterinário, Monty sobreviveu.

– Monty! – engasgou Caio com um dos bombons. – Mas esse não é o nome de seu irmão?

– Nome, não, apelido. O nome dele é Louis Montant Miller – corrigiu a ruiva, guardando o livro falso com chocolates. – E tem melhor maneira de chamar esse meu amigo invisível? Assim minha mãe pensa que inventei esse amigo por estar com saudades do meu irmão que está tão longe, servindo na Índia, e não acaba com minha fantasia – Mary riu junto com Caio até que ela notou algo de errado com o rapaz. – Caio! – ele estava se sufocando. Em pleno desespero, Mary batia as costas de Caio que já exibia um roxo intenso na face. – Cospe! – mandou a ruiva, batendo mais e mais. – Cospe, cospe!

– Água! – pediu o asfixiado com voz rouca.

– Não é melhor cuspir? – Mary se arrependeu ao encarar o olhar furioso do rapaz. De imediato, a jovem correu até uma jarra em cima da penteadeira e, com mãos trêmulas, trouxe um copo d'água.

Caio bebeu com dificuldade até sentir que o objeto que o sufocava havia descido por goela abaixo.

– O que tinha nesse bombom? – falou com dificuldade, retomando o fôlego.

– Era bombom de nozes. Você está se sentindo melhor?

– Estou. Eu não me dou bem com nozes.

– Aí, Caio, mil desculpas! – ela acariciava as costas sem parar. – Você ia morrer sufocado tal como o estrangulado da estação... – súbito, Mary agarrou o rosto do amigo. – Caio!

– O que foi?

– Você ficou roxo!

– O que você queria? Que eu ficasse verde? Eu estava sufocado e não enjoado.

– Caio, você não percebeu? Você ficou roxo e não branco.

– Do que você está falando?

– Você não se lembra do que você me disse quando viu o rosto do homem sendo estrangulado?

– Claro que me lembro. Eu disse que ele estava com os olhos com fundo preto, esbugalhados e com o rosto... – ele encarou a amiga. – Ai, não! Agora eu entendi.

– Isso mesmo. Como é que ele podia estar tão branco se estava sendo estrangulado?

– Mas eu vi! Eu tenho certeza que ele estava branco feito cera!

– Vem cá! – pegou Mary a mão de Caio e foi levando-o para frente do espelho da penteadeira. Abriu uma gaveta, pegou um pote de creme e em seguida passou no rosto de Caio – Agora você entendeu? – ela sorriu. – Eu só não entendo como pude deixar isso passar. Já era para eu ter aprendido que deixar escapar os detalhes mais simples pode ser fatal para uma investigação. Tola que sou. Essa era a pista que nós precisávamos.

– Mas o que tem de tão importante num creme?

– Quem usaria creme no rosto e ainda por cima deixando os olhos com fundo preto?

– Um ator?

– Claro, o homem enterrado lá no cemitério era um ator. Ele colocou a roupa de mendigo e se maquiou. Atores quando representam se empenham em destacar a expressão do rosto, especialmente dos olhos, mas nunca se lembram dos detalhes como as unhas, os cabelos, o pescoço e nem de usar enchimento para moldar o corpo... Eu sempre achei isso entranho quando via as pantomimas lá em Torquay... Será que ninguém nunca vai reparar nisso? Se alguém se maquiasse e cuidasse dos detalhes da cabeça aos pés... Seria o disfarce perfeito!

– Ator – Caio olhava para seu reflexo, feliz com a descoberta. – Se ele era ator, devia estar trabalhando em algum grupo. Podemos perguntar a Charlie sobre isso. Agora, sim, podemos fazer um retrato falado e mostrar nos teatros.

– Não. Eu tive uma ideia melhor – ela fez o mico esconder-se entre os outros macacos de pelúcia acomodados numa prateleira em cima da cama e depois pegou um chapéu. – Venha comigo!

– Marine, onde está o monsieur Duarte? – indagou Mary com Caio ao seu lado.

– Ele está no estúdio.

Os dois saíram em disparada nas escadas até o último andar, onde havia um quarto com a porta encostada.

– Com licença – disse a ruiva, ao ver o fotógrafo em pé diante de uma câmera apoiada num tripé.

– Mary! – deixou o homem a máquina de lado. – Mas que ótimo vê-la. Estava justamente pensando em você.

– Em mim?

– Claro! Você é a única artista daqui da pensão que ainda não tive o prazer de tirar uma foto.

– Mas eu não sou artista.

– Como, não? Eu sempre escuto você cantando e tocando piano.

– Você só tira fotos de artistas? – perguntou Caio.

– Não. Eu também gosto de ir à rua e tirar fotos das pessoas no seu dia a dia, mas o meu ganha-pão são as encomendadas pelas famílias da alta sociedade.

– Monsieur Duarte...

– Por favor, me chame de Jean.

– Está bem, Jean. Marine me contou, numa certa vez, que você tem um álbum com as fotos de todos que se apresentam aqui em Paris, é verdade?

– É a minha paixão – disse o homem, voltando para perto da máquina. – Faço o impossível para mantê-lo atualizado.

– Será que podemos dar uma olhada?

– Claro, mas com uma condição, minha cara.

– Qual?

– Quero antes tirar uma foto sua.

– Agora? – disse a tímida, apertando uma mão contra a outra. – Mas eu nem estou arrumada e eu gostaria tanto de ver seu famoso álbum. Por favor, Jean.

– Está bem, está bem. Eu não resisto a uma garota tão charmosa – disse o artista, trazendo uma caixa. – Vamos fazer o seguinte: você pode olhar as fotos, mas amanhã quero você aqui bem cedo. Quero tirar uma foto sua com luz natural.

Mary sorriu e junto com Caio começou a pesquisar as fotos. Era surpreendente a quantidade de pintores, escultores e atores que iam emergindo daquela caixa. Numa delas, Caio reconheceu Pablo em pé na rua, abraçado com Max Jacob e com um desconhecido. Ao ler atrás da foto, descobriu que se tratava do pintor Modigliani. Fernande, Alice e outras mulheres também dançavam por entre aquelas fotografias que congelavam seus suaves movimentos. Por mais que tirassem da caixa e empilhassem num canto, a quantidade de fotos parecia não ter fim.

Os dois já estavam cansados, quando, finalmente, apareceu uma imagem que fez o coração do Caio disparar.

– É ele! – gritou o eufórico, mostrando à parceira a foto de um homem de cabelos castanhos entre dois homens, todos eles sorrindo.

– Tem certeza?

– Claro que sim. É ele!

– Mas, Caio, esses dois ao lado dele é o pastor do albergue e o médico que vive aqui na pensão.

– Eles conheceram o ator – Caio leu no verso da foto os nomes assinalados. – O ator se chamava Gustav Horn.

– Jean! – chamou Mary o fotógrafo que limpava as lentes.

– Sim, minha cara.

– Você conhece esse homem aqui no centro?

– Esse é um ator que fez uma apresentação beneficente no albergue. O nome dele era... Gustav Horn. Eu não anotei o nome dele no verso da foto?

– Sim, sim, mas onde ele trabalha?

– Não sei, não me lembro. Devo ter anotado no meu arquivo – ele foi até um armário e puxou um gavetão contendo várias fichas. – Hans, Harley... Aqui está Horn... Ele trabalha no grupo Alexander Legrand.

– Tem mais alguma coisa sobre ele aí na ficha?

– Não, só a data que tirei essa foto. Foi há duas semanas.

– Jean – disse Mary com olhos carentes. – Será que você poderia me emprestar por uns dias essa foto? Eu prometo que a devolvo inteirinha.

– O que não faço por um rosto bonito. Está bem, mas lembre-se de que quero amanhã você aqui bem cedo.

– Combinado – disse Mary, despedindo-se do fotógrafo.

– Aonde vamos? – perguntou Caio, fechando a porta do estúdio.

– Vamos à C. I. A.

– C.I.A? – surpreendeu-se Caio.

– É assim que chamo minha *Centrale d'Informations Actualizées* – Central de Informações Atualizadas. Vamos falar com Marine.

23 - O rosto do corpo é revelado

– Sim, mas é claro que o conheço – disse a ajudante da pensão, olhando a fotografia. – Esse é o monsieur Horn. Ele sempre se hospeda na pensão quando vem à cidade e fica no quarto da mulher.

– Mulher! – arregalou os olhos a ruiva. – A mulher dele se hospeda aqui? Ela está?

– Eu não sei de Ester, já faz umas duas semanas que ela se foi.

– Você sabe por que ela saiu? – intrigou-se Caio.

– A Ester saiu daqui no meio da noite, logo depois de um telefonema. Aí, no outro dia de manhãzinha, veio um sujeito de charrete. Ele pediu que empacotasse todas as coisas dela, e antes de sair, pagou a conta. Para mim, ela fugiu com um amante rico. Também pudera! Bonita daquele jeito!

– Como era esse homem da charrete? – apressou-se Caio em interrogar.

– Ele não era nada bonito. Ele era loiro, tinha um bigode fininho, era caolho e tinha uma cicatriz horrível perto da boca.

– Quando foi a última vez que viu monsieur Horn?

– Isso é fácil, minha querida, ele esteve aqui no dia do aniversário da madame Blanche, na última quarta-feira. Você experimentou o bolo de chocolate que fiz?

– Sim, sim, estava ótimo – respondeu Mary, aflita. – E ele não comentou sobre o sumiço da esposa?

– Ele parecia nervoso, mas não disse nenhuma palavra com ninguém. Saiu no início da festa... Que pena! A festa estava tão boa. Eu adoro fazer bolo. Outro dia, eu fui à confeitaria e daí eu vi madame...

– Marine, sabe para onde ele foi?

– Ele quem?

– O monsieur Horn, claro.

– Ele viajou. Eu o vi quando desceu com a maleta, enquanto eu estava servindo o meu bolo.

– Mas sabe para onde ele foi?

– Eu lá vou saber? Por Deus! Eu não sei nada da vida dos outros. Só sei que aquele homem não para quieto. Vivia fazendo tournée. Só a mulher dele é que ficava morando aqui na pensão e tinha as coisas dela espalhadas por todo o lugar. Um dia, madame Blanche perdeu a paciência e mandou que ela arrumasse tudo, senão daria tudo para os próprios mendigos da Ester.

– Que mendigos?

– Ah, vocês não sabem? Ela trabalhava com o pastor Samuel, no albergue. Mas esperem um pouco, vocês dois! – colocou a assistente as mãos na cintura. – Por que vocês querem saber tanto sobre o casal?

– Ora, porque... – improvisou a ruiva, pegando no braço do amigo. – Soubemos que monsieur Horn conhecia o pai de Caio. Nós estávamos com a esperança de que talvez ele conhecesse mais alguém da família.

– Verdade? – desconfiou Marine.

– É, é isso – confirmou o garoto, agitado. – Meus pais não estão vivos e como eu não conheço ninguém, talvez monsieur Horn possa me ajudar.

– Marine! – gritou uma voz vinda da escada.

– Sim, madame Blanche.

– Desça aqui. Está na hora de servir a janta.

Um vento frio atravessou o corredor onde os três estavam conversando. Aos poucos, foi empurrando a porta destrancada de um dos quartos e revelou-se um homem sentado na beira da cama.

– Aquele alemão metido a suíço está enfurnado no quarto e não sai nem por decreto. Olha só como está isso – mostrou Marine a bandeja contendo um sanduíche e mais um copo de leite. – Como pode alguém ficar tanto tempo sem beliscar alguma coisinha? Eu só espero que o homem não cisme de morrer de inanição aqui na pensão.

A pequena fresta foi o suficiente para que Caio conseguisse ver o interior do quarto. O relance expôs um homem bem diferente do que ele conhecia. Lá estava um ser em total inércia, de olhar relativo, com a constante barba por fazer e pés em plena liberdade... Suas mangas de abotoadura da surrada camisa social haviam sido cortadas e sua calça estava mais do que amarrotada. A corrente de ar que havia permitido a visão daquele corpo em queda livre, daquela mente vagando na velocidade da luz, fechava a porta, depois de enclausurar no solitário quarto a mais pura essência da busca do conhecimento por entre a agitação da movimentada pensão: o absoluto mergulho do ser.

24 - A disputa entre Chaplin e Caio

Na manhã seguinte, Caio e Mary, que pouco dormiram por causa da ansiedade, encontraram Charlie na cozinha.

– Mas que fantástico! – soltou o ator sentado na mesa com os olhos arregalados. – Quer dizer que, além de termos mais um corpo, temos um assassino ator?

– Como assassino ator? – reclamou Caio. – O morto é que era ator.

– Mas então, quem você acha que era o tal do caolho com cicatriz que pegou as coisas da esposa e pagou a conta?

– Ele tem razão – constatou a garota. – O assassino veio aqui bem disfarçado e limpou qualquer ameaça para que ninguém descobrisse que o casal foi morto.

– Afinal, por que ele matou o casal? – indagou Caio.

– Quem sabe se não foi por ciúmes? – sugeriu Charlie, tomando um café.

– Os dois amavam a mesma mulher? – supôs Caio em pé, servindo-se de um leite no fogão. – Que assassino mais enlouquecido. Mata o marido, mas também mata a amada?

– Eu estava pensando em outro tipo de ciúmes – disse o ator. – Os dois não eram atores? Pois então. Vai ver que o assassino matou por que queria tirar o outro do caminho. Esse tipo de coisa acontece nesse ramo.

– E por que ele pegou a mulher? – perguntou Mary sentada ao lado de Charlie.

– Não sei. – respondeu Charlie. – Pode ter feito isso para a mulher não alertar a polícia.

– Eu não acredito nisso. Aí tem coisa. Pode crer – inquietou-se Caio. –

Uma coisa que não entendi ainda: por que ninguém da companhia chamou a polícia com o sumiço do ator?

– Assim como o tal homem mascarou o sumiço da mulher, ele deve ter também feito o mesmo com o marido – raciocinou a ruiva.

– Droga! – aborreceu-se Caio. – Quem é esse maldito?

– Se ele é ator, ele deve trabalhar na companhia – deduziu Mary, tomando um chá.

– Se isso for verdade, então ele está bem longe daqui – Charlie contou. – Eu li no jornal que o grupo de Legrand está se apresentando em Roma. Ah, como eu queria trabalhar com ele... Legrand faz muitas apresentações para ricaços... Mas com esse assassino, acabou meu sonho.

– O que vamos fazer então? – preocupou-se Caio, aproximando-se dos outros dois.

– Eu acho que devemos trabalhar com o resto que temos.

– Que resto, Mary?

– Na foto, Gustav está com o médico e o pastor. Não custa nada a gente averiguar esses... – Mary silenciou ao perceber uma silhueta surgindo atrás da porta entreaberta. – Bom dia, Marine!

– Bom dia – cumprimentou a bisbilhoteira, dando uma leve tossida como que limpando a garganta. – Está um dia quente, não?

– Muito quente – concordou Mary com as sobrancelhas franzidas. – Principalmente quando se está parada em pé.

– Como disse?

– Marine, o que estava fazendo aí parada?

– Eu só estava limpando os quadros.

– Não acha mais difícil sem um espanador? – Mary sorriu com ironia para a curiosa, que constrangida, pôs-se em retirada. – Espere, Marine, por favor, fique conosco. Eu preciso de você.

– Precisa pra quê?

– Minha mãe está com problemas cardíacos e eu fico preocupada por ela estar sem os cuidados do médico da família. Você sabe se o doutor Boir ainda está clinicando?

– Sim, ele trabalha lá no albergue, cuidando dos mendigos.

– Coitados dos mendigos, eles não mereciam isso – murmurou Charlie.

– Para sua informação, meu caro rapazinho, os mendigos estão sendo tratados por um dos médicos mais famosos de Paris.

– Aquele bêbado?

– Coitado! – a mulher sentou-se. – Que Deus tenha piedade dele! Na verdade, ele já foi famoso, mas a pobre alma não teve sorte na vida.

– O que aconteceu com ele? – perguntou Caio.

– Pobre doutor! Ele ficou nesse estado depois que perdeu o filho doente. Ele tentou de todas as maneiras salvar o filho, mas não conseguiu. Já faz um ano que o filho morreu da tosse de sangue.

– O filho morreu de tuberculose? – perguntou Mary. Marine ao ouvir aquela palavra, pediu com as mãos para que ninguém mais pronunciasse aquele tabu.

– Foi, sim – suspirou Marine. – Depois da morte do garoto, ele deu para beber. Eu creio que a única coisa que o mantém vivo é a culpa.

– Culpa? – estranhou Caio. – Mas pelo quê?

– Culpa, sim. Culpa a ele e a Deus que lhe deu o dom de salvar as pessoas, mas, mesmo assim, não conseguiu salvar o próprio filho. Eu já disse a ele que isso são coisas que devemos nos resignar, mas ele não escuta ninguém.

– Coitado – lastimou Caio. – E eu que pensei tão mal dele. Quantos anos tinha o garoto?

– Ele tinha treze anos. O doutor Boir conserva até hoje uma fotografia dele no quarto com uma vela acesa... – a mulher deu uma pausa e ficou a reparar na figura de Caio. – Oh meu Deus! Sabia que você é a cara do menino?

– Então foi por isso que ele me olhou daquele jeito no outro dia. Que azar o meu!

– Ele ficou foi assombrado com você – calculou Charlie.

– Ele é um bom homem – prosseguiu a mulher. – Sempre que pode, ele trata da minha doença dando-me doses de arsênico.

– Arsênico! – assustou-se Caio, engasgando com o leite. – Mas isso não é um veneno?

– É, Caio – disse Mary, rindo –, o arsênico é um veneno, mas usado em pequenas doses ajuda em tratamentos também. Meu irmão, uma vez, escreveu da Índia, dizendo que o amigo dele contraiu malária e que um indiano estava tratando-o com arsênico.

– Mary – saudou o fotógrafo ao entrar na cozinha –, que bom tê-la encontrado. Você não ia sair sem falar comigo, não? Eu ainda quero tirar uma foto sua. A luminosidade está perfeita. Venha!

– Agora? Mas...

– Não admito uma negativa. Você já protelou demais.

– Está certo, mas antes eu vou buscar o meu chapéu, está bem?

– Eu a espero no meu estúdio – saiu o fotógrafo.

– Tome cuidado, minha querida – alertou Marine, antes de Mary se levantar. – Esse homem adorava conversar muito com a Ester – a mulher piscou o olho e saiu da cozinha.

– O que será que ela ouviu da nossa conversa – inquietou-se Caio.

– Eu não sei, mas isso não importa agora – despreocupou-se Mary, arrumando seu conjunto de saia e terno cinza.

– O que vamos fazer agora sobre o caso?

– Vamos continuar – Mary ajeitaba os cabelos com capricho. – Você pode ir ao albergue e ver se descobre algo. Charlie pode verificar sobre a companhia e sobre os atores que trabalhavam com Gustav.

– E você? – repreendeu Caio com os braços cruzados. – Vai ficar o dia todo com esse fotógrafo?

– Não, Caio, eu só vou ficar agora de manhã. Depois eu quero dar uma olhada por aí e ver se acho algo esquecido do casal. Também quero dar uma espiadinha no quarto do doutor.

– Mas o que é isso? – indignou-se Charlie. – Pra quê? Deixa o infeliz em paz!

– Temos que tentar tudo. Talvez eu tenha sorte e descubra alguma coisa que nos leve ao assassino. Vamos ver! – suspirou a detetive, olhando-se no reflexo de uma bandeja prateada. – Só espero que depois de tudo isso a gente consiga obter respostas – Mary sorriu e dirigiu-se à escada.

– Espera! – pediu Caio, largando o copo na mesa. – Eu vou com você.

– Mas, Caio, eu só vou tirar uma foto e você tem que ir para o albergue.

– Eu não vou deixar você sozinha depois do que Marine disse. Aquele homem não me inspira confiança. Você não achou estranha a atitude dele lá no estúdio?

– Está falando sobre ele parecer não conhecer Gustav, enquanto Marine nos disse que ele conhecia Ester? – Caio acenou a cabeça, abismado com a observação da investigadora. – Isso não diz nada.

– Como não diz nada!

– Marine mesmo disse que o ator não parava quieto aqui. Existe uma boa chance de ele não ter visto Gustav aqui e nem saber que era casado com Ester.

– Mas que maluca! Você não pode acreditar nisso. Você pode estar em perigo com aquele homem.

– Você acha que ele seria capaz de fazer alguma coisa em plena luz do dia e ainda por cima numa pensão movimentada como essa?

– Eu também não gosto de vê-la sozinha com aquele sujeito – confessou Charlie.

– O que deu em vocês dois?

– Está decidido. Iremos nós três – disse Charlie, pegando no braço da ruiva, pasma com a situação.

– Isso, fique quietinha nesta posição – exigia o fotógrafo, ajeitando as mãos de Mary sobre o parapeito da sacada e em seguida o chapéu branco e florido.

– Vai demorar muito? – perguntou Caio, vendo Jean virando o rosto da ruiva um pouco para a direita.

– Vai demorar o tempo que for necessário – respondeu Jean de forma rude.

– Caio, não precisa ficar – ela fazia o possível para não mover os lábios, com receio de ser censurada pelo artista perfeccionista. – Aliás, vocês dois têm que ir ao trabalho, não têm?

– Não, Mary – teimou o mensageiro. – Ficaremos aqui com você.

– Acho que você conseguiu duas conquistas – sussurrou o senhor Duarte à jovem.

– Tolice – reagiu Mary, ruborizada. – Esses dois são muito amigos, preocupam-se demais. Só isso.

– Há coisas, Mary, que só um bom olho pode captar – antes que a ruiva pudesse retrucar, o profissional aproximou-se da modelo e com os dedos sobre os lábios a fez silenciar-se. – Se quer saber a verdade, você deve encará-la de frente – o homem se afastou e dirigiu-se para a sacada vizinha, onde se encontrava a máquina em cima do tripé. – Olhe agora! – Jean, atrás da câmara, fechou o ângulo da foto, enquadrando Mary do lado direito com a rua ladeada por árvores no fundo. A fisionomia da jovem, tomando, finalmente, consciência sobre os profundos sentimentos dos dois apaixonados que se encontravam posicionados atrás do fotógrafo, foi perpetuada pelo piscar do olho da câmera.

25 - A vítima é suspeita

Caio Zip estava de volta à pensão depois de mais um dia a percorrer as ruas, fazendo sua rotineira entrega. Foi até a sala e deitou-se no sofá. Sua cabeça fazia um balanço de todos os acontecimentos nesse tempo em Paris, mas, acima de tudo, sentia o peso das lembranças, das saudades de sua casa e de sua vida antes de suas viagens.

– Caio! – chamou Mary, fazendo o desanimado se levantar. – Como foi o dia? Conseguiu descobrir mais alguma coisa lá no albergue?

– Não muito – disse ele em tom de cansaço. – Só descobri que a Ester era muito organizada, não era de falar muito e trabalhava até tarde. O pessoal disse que o marido aparecia de vez em quando e gostava de conversar com o pastor.

– Não tinha nada dela no albergue?

– Não deu pra ver isso, Mary. Eu não posso bisbilhotar com a madame Dupin ali lambendo os envelopes, não é?

– O que foi, Caio? Você está bem?

– Eu só estou um pouco deprimido, mas não é nada. Eu não pensei que investigar um crime desse tanto trabalho e que levasse tanto tempo.

– Eu sei o que você quer dizer. Nos livros é tão rápido. Se quiser, pode até pular para a última página, mas assim perde o mistério, e isso não é divertido, não acha?

Caio já estava mais animado, principalmente ao ver o amigo mensageiro entrando na sala.

– Tem novidades? – questionou Caio.

– Não muitas, e vocês?

– Eu vasculhei tudo por aqui na pensão – relatava a garota –, mas o máximo que descobri foi que o quarto do clínico é de um porcalhão.

– E você, Caio?

– Nada demais, só que a mulher era organizada, calada e que o ator gostava de falar com o pastor...

– E você, Charlie? – disse, ansiosa.

– Conversei com uns amigos. Esse Gustav estava ótimo para atuar como o homem invisível. Mostrei a foto e a maioria nem sabia que ele atuava. Os poucos que se lembravam de tê-lo visto só sabiam que ele fazia pontas e que vivia se atrasando. Nunca vi isso: um ator que não gosta de aparecer.

– Para ele agir desse jeito – presumia a investigadora –, dá a impressão que ele queria ficar o mais despercebido possível para poder agir livremente.

– Agir no quê? – interessou-se o ator.

– Uma coisa que você disse deixou-me com uma pulga atrás da orelha o dia inteiro. É apenas uma hipótese, mas... Quais são os principais motivos que levam alguém a matar?

– Ciúmes, interesses – citou Caio.

– Loucura, vingança – emendou Charlie.

– Ganância – concluiu Mary. – O problema que sempre notei quando lia sobre crimes é que, no início, as pessoas não pretendiam cometer um assassinato, nem imaginam uma coisa dessas, mas a ganância...

– Mas o que o assassino ia querer de um ator pobre, ainda mais vestido de mendigo? – disse Charlie.

– Um ator pobre, muito discreto, que, muito convenientemente, trabalhava numa companhia que se apresentava para ricaços. Não acha que isso se encaixa bem para o papel de ladrão?

– E a mulher? – lembrou Caio. – Foi morta por quê? Não é mais fácil acreditar que foi por ciúmes?

– Eu estou por um fio no pescoço a descartar essa hipótese. Do jeito que o assassino se livrou dos corpos e pensou nos mínimos detalhes, ele estudou os movimentos com muita antecedência; com muita frieza, sem violência, sem sangue... Não foi emocional a razão do crime – Mary afastou-se e ficou a andar pela sala falando sozinha. Os dois amigos, pacientemente, esperaram-na até que a abstraída voltou-se para eles. – Vamos ao albergue.

– Como? – disseram os dois, espantados com a resolução.

– Eu preciso dar uma olhada onde Ester trabalhava, e vai ser essa noite.

Enquanto os dois incrédulos se encaravam, Mary subiu as escadas. Mais uns minutos, ela retornou, prendendo o chapéu no cabelo.

– Aonde você vai? – indagou Caio.

– Vou cuidar dos preparativos – saiu ela correndo da pensão. – Não se preocupem, volto logo!

26 - A mestre do crime

As ruas, à noite, atraíam os frequentadores dos bares e cabarés. As poucas pessoas que desviavam desse destino estavam a caminho do centro de Paris à procura dos teatros ou de recantos mais sossegados. Em todas as ruelas de Montmartre, trafegava uma alegria embriagante. Nada de atípico emergia daquele bairro, principalmente nos arredores do albergue, onde circulava um dos poucos guardas noturnos da região.

– Como vamos fazer? – disse Caio, escondido numa esquina mais escura, junto com seus dois comparsas.

– Eu já disse, Caio, que não precisa se preocupar – tentou Mary acalmar o aflito. – Já providenciei nossa entrada.

– Como? – inquietou-se Charlie. – Está tudo trancado!

– Querem, por favor, confiar em mim! – Mary, como os outros, agachou-se ao ver o vigia se aproximando. O homem, sem nada suspeitar, foi passando, acompanhado apenas por seu assobio e com o cassetete a girar em sua mão. – Nosso único problema é afastar esse policial.

– Se é só esse o problema, então pode deixar comigo – assumiu Charlie, dando uma cuspida nas mãos e depois se pôs a esfregá-las.

O comediante se levantou e andou até o policial e, como se estivesse escondendo algo debaixo do paletó, começou a agitar-se. O vigia roçou a mão na testa, desconfiado ao ver o estranho comportamento. Deu um passo. O assustado recuou. Mais um passo. O trêmulo recuou, recuou e começou a correr perseguido pelo confuso policial que mordera a isca.

– Charlie é realmente demais – disse Caio com as mãos no bolso do casaco. – Esse cara vai suar nas mãos dele.

– Vamos! – puxou a apreensiva. – Temos que nos apressar.

– Está tudo trancado! – o preocupado experimentou a janela lateral do prédio. – Não me diga que vamos arrombar, Mary!

– Caio – ficou Mary indignada. – Eu jamais arrombei na minha vida. Nunca precisei.

Devagar, a ruiva afastou o rapaz e, de costas à janela, estalou seus dedos. Como um truque de mágica, a janela foi se abrindo lentamente.

– Como você fez isso? – ficou Caio impressionado.

A resposta veio em forma de um pequeno mico que se aconchegou sobre o ombro de sua dona.

– Não precisa ficar com essa cara – disse ela, acariciando o mico. – Eu só fiz uma pequena doação hoje de tarde para o albergue.

Não foi preciso mais nenhuma palavra, nenhum suspiro. O olhar de um dentro do outro foi o suficiente para a cumplicidade se fazer sentir. A mão quente e amiga de Caio fez Mary pressentir que aquele segredo não seria denunciado.

A chama da lamparina em cima da escrivaninha do escritório vazio iluminou os rostos tensos dos invasores. Como uma equipe, cada um foi efetuando suas tarefas. Caio, após fechar a janela, foi tateando os objetos em cima da mesa em busca de alguma pista ou pertences da antiga assistente assassinada. Mary, abaixada, buscava por esconderijos como nas rachaduras dos cantos das paredes ou nas costas das gavetas da escrivaninha.

– Não tem nada aqui – avaliou Mary, esgueirando-se pelas laterais do móvel.

– Aqui também não.

– Vamos ver o armário.

– Cuidado! – pediu Caio à apressada ruiva, que quase derrubou o aquário para alcançar a porta do armário.

– Essa foi por pouco.

– O armário está trancado.

– Não tem problema – Mary tirou um grampo do cabelo e, como uma especialista, abriu o trinco facilmente.

– Onde você aprendeu a abrir fechaduras?

– Lá em casa, meus irmãos viviam escondendo as coisas de mim, principalmente chocolates nos armários – ela riu ao ver Caio boquiaberto. – Mas acredite em mim quando digo que só faço essas coisas por uma boa causa.

– Um dia você me explica essa sua boa causa que a faz entrar em quartos trancados?

– Prometo – ela se virou para o interior do armário. Lá estavam vários casacos amontoados e também pacotes embrulhados com papéis de diferentes cores.

– Nos demos mal nessa – desanimou-se o cúmplice, sentando-se no chão. – Não achamos nada.

– Você está desistindo? – disse, pegando um dos pacotes.

– Mary, você não pode abrir isso!

– Fique tranquilo. Eu sou boa em arrumar embrulhos sem ninguém perceber que foram abertos. Nunca aguentei esperar até o Natal para saber o que ia ganhar.

– Por que será que não estou admirado com mais essa?

Mary desembrulhou com o máximo capricho e tirou com as pontas dos dedos o seu conteúdo.

– Papéis! – surpreendeu-se o parceiro. – Todo esse tempo eu só entregava papéis de cartas.

– São timbradas com versos da Bíblia.

– Não estamos mesmo tendo sorte. É melhor guardar de volta.

– Não, Caio, eu quero verificar uma coisa – a persistente pegou as folhas e aproximou-se da escrivaninha onde estava a lamparina. Pegou uma vela de sua bolsinha e a acendeu. Com cautela, passou a vela por detrás da folha.

– Você tem certeza que não foi criada numa escola de espiões?

– Bem se vê que você não tem irmãos. Eu só quero ver se não passaram tinta limão para fazer uma mensagem invisível aqui...

– Mary! – cutucou Caio a jovem ocupada, balançando de um lado para o outro a chama. – Mary! Mary!

– Agora, não!

– Mas, Mary – disse Caio com uma voz rouca entrecortada.

– Espere um pouco!

Súbito, Caio virou o rosto da teimosa em direção ao interior do aquário iluminado pelo pequeno feixe de luz.

– Não! Não pode ser! – disse a jovem boquiaberta.

– Sim, sim, são sim! – tremeu Caio com a revelação. – Não são?

– Mas são muitos!

– Se ficaram visíveis somente quando a luz ficou diretamente sobre eles... Pode apostar que são de verdade. Tem que ser. Eu aprendi isso na aula de ciências. – ele não conseguia para de admirar. – Demais! Nunca imaginei que fossem tão bonitos! Como brilham! – ele fez menção que ia retirar um do aquário.

– Espere! – a ruiva segurou o braço do curioso.

– O que foi?

– Estou ouvindo passos – sussurrou a amiga.

Os passos foram se aproximando. Os dois ficaram petrificados. Aquele som continuava cada vez mais forte e firme. A cada trepidar, Caio sentia uma pulsação forte, vibrando no seu pescoço. Aquela situação fazia fluir na sua mente uma sensação horrível como quando estava num pesadelo e não conseguia despertar. Tudo ficou silencioso. De repente, surgiu uma luz passando pela fresta da porta. Uma sombra avançou por debaixo da porta. Alguém estava a girar a maçaneta da porta do escritório. Caio estremeceu. Sem querer, deu um passo desastrado que o fez esbarrar no aquário. Mary, com agilidade, impediu o desastre, segurando o aquário. Intuitivamente, ela apagou a lamparina com os dedos molhados e empurrou o desajeitado para debaixo da escrivaninha. Ficaram encolhidos, sem se mexer, sem se atrever a respirar, esperando, com os olhos arregalados, pelo pior.

A porta se abriu e a luz vinda do corredor invadiu a sala. A sombra tomou a forma de um homem, deixando os dois invasores mais trêmulos... Os passos ameaçadores, adentrando o local, não delataram a quem pertenciam. Alguém estava chegando mais perto de onde estavam e mais perto... Uma mão masculina surgiu diante deles. Mary procurou apoio no braço do parceiro para não se denunciar. Devagar, a mão de pele branca fechou a gaveta entreaberta. Ouviu-se alguém a tossir... A tosse encatarrada revelou a Caio de quem se tratava. Com gestos desesperados das mãos, o rapaz aflito tentou contar para a parceira, mas ela, furiosa, só fazia sinal para que permanecesse em silêncio. O homem na frente da mesa pegou uns óculos. Andou até a porta... Parou... Ficou ali por um instante... Ele se foi.

Caio e Mary, embora estivessem ainda sobre o efeito do pavor de serem pegos, puseram-se a falar ao mesmo tempo.

– Vamos sair! – implorava Caio.

– Não! Ainda podemos achar mais coisas aqui!

– Deixa disso. O pastor pode voltar a qualquer momento.

– Só mais um pouquinho. Tenho que arrumar esse pacote.

– Deixa pra lá! Vamos sair daqui!

– Eu não quero – arrumou o pacote e repôs junto dos outros, mas ficou em seguida a inspecionar o fundo do armário. – Tem mais coisa escondida aqui. Eu sinto.

– Não vai dar uma de empacar. Vai?

– Mas estamos tão perto!

– Essa não! – inquietou-se Caio ao ouvir passos. – Ele está voltando!

– Não, espere – a pianista fechou os olhos e, atenta, ouviu os passos se aproximando. – Esses passos têm ritmo diferente. São de outra pessoa.

– Não importa! – disse Caio em cima do parapeito da janela. – Vem logo antes que nos peguem!

– E Monty?

– Não esquenta! Eu já vi que ele sabe se virar muito bem.

Ao saírem pela janela, os dois deram de cara com alguém.

– Charlie! – ela estava ofegante. – Não faça mais isso!

– Mas o que foi que eu fiz?

– Que susto!

– Precisamos sair daqui! – disse Caio, empurrando os dois amigos.

– Mas o que houve com vocês? – bronqueou o ator. – Eu já cuidei do guarda como nos bons tempos da infância.

– Bons tempos? – estranhou Mary. – Pensei que sua infância tivesse sido infeliz.

– Eu também, mas pensando melhor, agora vejo que até tive momentos bem engraçados.

– Só você mesmo, Charlie – a ruiva balançava a cabeça. – Que maneira bizarra de encarar as coisas.

– Estou sempre alegre. Esta é minha maneira de resolver todos os problemas...

– Acho melhor você começar a resolver com as pernas! – apavorou-se Caio ao ver a sombra do policial na parede da esquina. – Vamos cair fora daqui!

27 - Morte na madrugada

– Diamantes!

– Diamantes, Charlie! – confirmou Caio para o pasmo. – Devia haver uns cinquenta!

– Eu não acredito! Como é que nos metemos nesta enrascada? Como é que isso cresceu deste jeito? A gente só estava procurando um corpo de um mendigo estrangulado que não era mendigo e mais nada! Depois vocês apareceram com mais um corpo de uma mulher. Imagine! Dois corpos! Ainda por cima, enterrados no cemitério! Pra piorar, acharam uma foto e viram que o mendigo era um ator.

– Que trabalhava encenando para ricos – arrematou Mary, sentando-se em um dos bancos do parque.

– E, nas horas vagas, virava ladrão – lembrou Caio em pé, enquanto Charlie andava de um lado para o outro.

– Eu nunca vi um pastelão como esse! – ralhou Charlie. – Já não bastava um mendigo que era ator... A gente também teve que arranjar um assassino que é ator! Como vai ficar a fama de nós atores depois de toda esta trama? E vocês ficaram satisfeitos com apenas isso? Não. Agora vocês me vêm com a conversa de que a mulher assassinada trabalhava num albergue, mas que pelo jeito não é albergue coisa nenhuma... É uma receptação de diamantes roubados! Como diabos apareceram diamantes nessa história?

– Não se esqueça: os diamantes estão dentro de um aquário – lembrou Mary, abanando com o chapéu.

– Gostei desse truque – disse Caio, sorrindo. – Diamantes dentro d'água ficam invisíveis, porque eles parecem com a água pura. Não tem lugar melhor para se esconder algo de valioso do que num lugar à vista de todos.

– Isso não pode ficar pior – balançava a cabeça o incrédulo. – Não! Isso pode ficar pior. A gente ainda pode morrer por causa disso. Por que não me lembrei desse mero detalhe antes?

– Calma, Charlie – acalmava Caio –, ninguém sabe que a gente sabe, e muito menos que estivemos lá. Espero!

– Mas, e o pastor? – recordou o ator.

– Eu garanto: ele não nos viu – disse Mary, parando de se abanar. – Nem ele e nem a outra pessoa.

– Que pessoa? – apavorou-se o mensageiro. – Só faltava mais essa!

– Na hora tinha certeza, mas agora não sei ao certo se era realmente outra pessoa. Caio não me deixou averiguar. A gente podia até ter descoberto mais coisas se não tivéssemos saído às pressas.

– Você está brincando? – zangou-se Caio. – Se bobeasse mais um pouco a gente teria sido pego.

– Você saiu muito rápido. Eu queria saber mais sobre o pastor.

– Esse pastor deve trabalhar para alguma quadrilha, junto com os tais que você entregava o pacote – calculou Charlie. – Quem diria!

– Eu nunca fui com a cara dele – desabafou Caio. – Mas também nunca imaginei que ele estivesse envolvido com diamantes... Ele pode estar envolvido com os assassinatos! Pode ser o assassino disfarçado! Ele podia ter me matado!

– Não, Caio! – disse o comediante, colocando a mão no ombro do aflito. – Imagina se ele ia matar você. Aí sim, além de assassino, seria também um louco. Onde já se viu perder a chance de usar um garoto, que não o reconheceu, que não tem ninguém, perdido por aí, pra fazer as entregas pra ele? Você não levanta suspeitas, bem na maior parte do tempo, e qualquer coisa, ele já estava vigiando você, caso você cismasse de abrir a boca... Aí sim, ele o mataria. Mas pensando bem... Pra quem você contaria? Ninguém ia acreditar na sua história de mendigo estrangulado sumido. Só nós dois malucos aqui pra acreditar. Isso ele não contava – bateu o comediante a mão nas costas do rapaz que a essa altura encontrava-se mal-humorado. – É, Caio, você é perfeito para o serviço e... Ainda por cima... Trabalha de graça!

– Você e também os outros mendigos que vimos carregando os pacotes – observou a ruiva. – Eles também nem sonham o que estão carregando.

– Taí! É essa parte da coisa toda que não está encaixando... – ficou Charlie pensativo. – Os pacotes... Vocês não disseram que já estavam todos eles embrulhados e que só tinha papéis de carta dentro deles? – Mary acenou, confirmando. – Ora diabos! Então... Onde os diamantes ficam nessa bagunça toda?

– Os pacotes eram de cores diferentes – raciocinava Caio. – Isso deve ser algum tipo de sinal, algum tipo de código.

– Pode ser que funcionasse como identificação de que tipo de mercadoria estava para ser entregue... – intuiu Mary.

– Como assim?

– Nós só achamos diamantes, Caio, mas quem sabe se eles não trabalhavam com outro tipo de joias.

– Se os pacotes eram apenas um sinal, como é que enviavam os diamantes então? – preocupou-se Caio.

Enquanto Caio e Mary discutiam, Charlie teve sua atenção voltada para um pequeno rebuliço na frente da pensão. Intrigado, foi ver do que se tratava. Pouco tempo depois, retornou para junto dos companheiros sentados.

– O que houve? – indagou Mary.

– Podem esquecer o seu suspeito. Marine acabou de contar para todos que o pastor está morto.

– Morto! – assustaram-se os dois.

– Mas o que houve? – quis Mary saber.

– Ele foi atropelado por uma charrete ontem à noite.

– Isso não pode ser verdade – levantou-se Caio. – Ele estava lá no escritório! Como pode estar morto? Ele era nosso suspeito. Já estava tudo sendo resolvido – os três correram para frente da pensão.

– Marine, o que aconteceu com o pastor? – questionou a ruiva, aflita, interrompendo a discussão da assistente com alguns hóspedes ali reunidos.

– Uma tragédia! O bom pastor... – a assistente soluçava em prantos. – Morreu atropelado... Que Deus tenha piedade de sua alma...

– Amém! – oraram os hóspedes.

– Mas quem foi que lhe contou?

– Foi a polícia. Eles estiveram aqui à procura de madame Dupin. Eles estão investigando o caso. Pobre mulher, ela está tão chocada com o acontecido. Acho que vou preparar um chá para ela.

– Por que estão investigando? – insistiu Mary. – Não foi só um acidente?

– Não, minha querida. Parece que as circunstâncias do acontecido são bem esquisitas.

– Não estou entendendo.

– O cocheiro que atropelou alega que não teve culpa. Que o pastor apareceu, de repente, correndo na frente dos cavalos como um doido.

– Duvido! – opinou uma senhora baixa de cabelos castanhos. – Esses cocheiros daqui estão sempre a tirar o pai da forca. Esses folgados! Eles é que vivem correndo como loucos. Por que um pastor iria correr?

– O cocheiro tem culpa, mas não vai admitir – comentou uma mulher de pele escura. – Quer fugir da cadeia!

Mary se afastou do grupo exaltado que discutia sem parar o caso. Caio e Charlie a seguiram para longe da pensão.

– Temos que voltar ao albergue – sentenciou a garota tensa.

– Mas agora? – apavorou-se o comediante. – Deve estar cheio a essa hora. Não dá!

– Não importa – decidiu Mary já se pondo a caminho. – Eu preciso dar uma olhada naquele escritório.

– O que estamos esperando? – Caio falou para Charlie.

– Lá vamos nós de novo – seguiu o ator, correndo.

Com a ajuda dos rapazes, Mary conseguiu entrar no albergue sem ser vista. Entrou no escritório trancado, novamente com a ajuda do seu animalzinho que passara a noite ali. Não demorou muito para a garota retornar aos parceiros que distraíam as pessoas com uma pequena hilária atuação. Por fim, após os longos aplausos, os três saíram do albergue.

– Os diamantes sumiram – disse a garota, enquanto Monty acomodava-se por debaixo do chapéu da dona.

– Essa não! – lamentou Caio, esfregando os cabelos desgrenhados. – Voltamos ao zero.

– E agora, o que vamos fazer? – questionou Charlie.

– Vamos para a pensão – disse Mary, andando pela rua, seguida dos dois. – Temos que nos preparar para o pior.

– Do que está falando?

– Do seu medo, Charlie, o assassino está bem perto de nós.

– Quem matou o pastor? Quem roubou os diamantes? Por que sempre me meto em encrencas? – não parava Caio de questionar.

Mary ficou em total silêncio. Por mais que os dois tentassem fazê-la discutir o assunto, parecia que apenas o corpo da amiga estava ali presente. Os olhos da jovem fixavam-se à frente, mas seus pensamentos estavam além daquelas ruas movimentadas, e nem se deixaram atingir quando Charlie se despediu, tomando a direção da estação.

– Onde você esteve, minha filha? – indagou a senhora Miller, acompanhada pela madame Dupin, ao ver os dois entrando na sala da pensão.

– Mãe, o que foi? Você está bem? Madame Dupin! – disse Mary com os olhos assustados. – O que está havendo? Você está bem?

– Calma, filha – sorriu a mãe. – Eu estava aqui fazendo companhia à madame Dupin. Madame está se sentindo melhor agora?

– Eu estou bem – disse a senhora, tentando colocar a xícara de chá na mesinha ao lado.

– Deixe que eu a ajudo – Mary amparou a mão trêmula da entristecida.

– Grata, minha menina. É bom saber que se pode contar com pessoas tão generosas como você e sua mãe, mas, acredite, eu só preciso ir para o meu quarto e descansar um pouco. O choque foi muito grande... – ela levou um lenço aos olhos enrugados, escondidos atrás dos óculos. – Como o pastor Samuel vai fazer falta...

– Eu entendo – consolou a senhora Miller. – Madame já devia estar trabalhando há muito tempo com ele.

– Na verdade, eu o conhecia há poucos meses, mas era tão boa pessoa. Ele não merecia esse fim. Isso eu digo de coração. Acho bom eu retirar-me. Eu preciso descansar. Terei muito que fazer amanhã... Conto com a presença de você, minha cara amiga, no velório e no funeral amanhã.

– Pode contar com nossas presenças no velório. Contudo, temo que na hora do enterro já estejamos acomodadas no trem.

– Trem! – reagiu com muita tensão. – Mas, mãe, a gente não ia só viajar na semana que vem?

– Receio que minha estada aqui não possa ser mais prolongada, querida. Esse clima úmido não tem feito nada bem a minha saúde.

– Mas, mãe! Não podemos ficar? – a expressão da mãe era irredutível.

– É uma lástima que não possa estar aqui, madame Miller, mas compreendo que se faz necessário – disse madame Dupin.

– Madame vai ficar bem? – preocupou-se Mary que estava bem próxima do rosto da desamparada e, por um momento, parecia que estava prestes a espirrar.

– Não se preocupe, minha jovem. Eu ainda tenho meu trabalho para me amparar, não é Caio? – conformada, a assistente social abraçou o jovem. – Ainda posso contar com você para me ajudar, não é, meu filho? – Caio parecia totalmente desconsertado com a situação.

Ao fixar-se naquela cena, na qual madame Dupin acariciava o ombro de Caio coberto pelo casaco, o rosto de Mary iluminou-se e, de inesperado, a jovem se jogou no colo da velha.

– Oh, madame Dupin – chorava em soluços. – Como madame é forte – ela ergueu os olhos e, de repente, colou o rosto contra a face da abismada velhinha. Finalizou a cena com voz firme, esfregando os olhos lacrimejantes. – Se Deus quiser se fará a justiça. Tenho certeza.

– Venha – encerrou bruscamente madame Miller a cena imperdoável da filha que ainda teimava em ficar perto da idosa. – Preciso de sua ajuda para acabar de arrumar as malas. O trem partirá bem cedo. Venha agora!

– Está certo, mãe – obedeceu, cabisbaixa. – Se é para o seu bem, vamos embora.

28 - Despedida na estação

Soprava um vento frio naquele princípio da manhã. O chefe da estação aproximou-se de madame Miller para orientar o carregador gordo e baixinho com as enormes bagagens. Caio e Charlie olhavam ao redor da plataforma à procura da amiga que havia saído cedo da pensão. Madame Miller tentava esconder sua preocupação com o atraso da filha conferindo todas as malas e as passagens guardadas em sua bolsa.

A composição que daria início a sua jornada para Torquay já se encontrava na plataforma 5.

– Lá vem ela – indicou Caio ao ver Mary correndo, segurando o chapéu de abas largas que se mexia sozinho.

– Desculpe o atraso.

– Pontualidade é uma virtude – a mãe chamou a atenção. – Já deveria estar aqui há dez minutos.

– Mas mãe, que exagero! Não chegou quase ninguém ainda!

– Sabe que não gosto de agitação. E demorou muito. Por quê?

– Eu avisei que iria me despedir de Albert e Pablo.

– Você conseguiu falar com eles? – interessou-se Caio.

– Bem, Albert ainda está em total meditação; e Pablo estava encerrado no ateliê, mas assim mesmo, consegui deixar uma lembrancinha que tenho certeza que eles vão adorar. – piscou Mary para Caio que retribuiu com um discreto sorriso.

– Está bem, querida, mas agora acho que está na hora de se despedir dos rapazes que ficaram, pacientemente, a sua espera.

– Adeus, Mary – disse o mensageiro que, apesar de acanhado, aproveitou para dar um beijo rápido no rosto da parceira. – Vou escrever pra você.

– Eu também vou escrever, Charlie, mas vou logo avisando que minha ortografia não é lá essas coisas.

– Mais treino e menos desculpas, filha. Você pode fazer tudo que desejar até mesmo ser uma escritora. Basta você empenhar-se.

– Adeus, Caio! – disse a ruiva, abraçando-o com força.

– Você vai fazer muito falta.

– Não se preocupe! Tudo vai dar certo. Tenho certeza que o caso vai ser resolvido mesmo sem minha presença – ela sorriu, segurando o chapéu que teimava em se mexer. Por sorte, madame Miller estava verificando as últimas malas a serem despachadas e não viu aquele movimento estranho do chapéu.

– Não estou pensando no caso – persistiu ele com um olhar denunciando sua afeição.

O trem se foi, levando Mary para longe. Uma insustentável saudade era compartilhada por Caio e Charlie que acenavam para o triste vazio.

O dia nublado e chuvoso combinava com os sentimentos das pessoas que saiam do cemitério. Além de Caio e Charlie, outras pessoas, como Marine, vieram prestar a última despedida ao pastor. Madame Dupin, apesar de aparentar uma leve tristeza no rosto, decidiu retornar aos trabalhos do albergue amontoado de carentes.

Caio, após ajudar a servir o café da manhã juntamente com outros voluntários, foi liberado. Aquelas ruas movimentadas não foram suficientes para animá-lo. A ausência de Mary era sentida e sem nada para fazer tomou a decisão de regressar à pensão. Chegando lá, foi para a sala. Tudo ao seu redor o fazia lembrar-se da amiga. Estava difícil até se empenhar na solução do crime. Por aquele momento, acomodado no aconchegante sofá, deixou-se somente levar por vagos pensamentos. As imagens iam e vinham fora de ordem. Mary comendo maçãs dentro do vagão. Mary encostada no seu ombro quando lia o jornal. No parque, ensinando Albert a andar de patins. No albergue, teimando em abrir o armário trancado, que continha apenas pacotes e casacos... Casacos como aquele que ele estava usando naquele instante como travesseiro. As imagens foram se embaralhando durante seu sono.

O mendigo assassinado voltou a assombrá-lo, mas ao invés de ele estar sendo enforcado com um fio, surgiam diamantes a sufocá-lo. Os pés do morto afundavam num amontoado de pacotes. Suas mãos tentavam agarrar algo a sua frente... Era o próprio Caio. A sensação de pavor crescia durante o pesadelo e mantinha seus olhos aprisionados. Caio tentava escapar daquele vagão imaginário, mas tudo o que havia do lado de fora era um abismo sem fim. O assassino surgiu do nada e empurrou Caio para a morte certa...

– Ei, calma! Sou eu! – Charlie segurava os braços agitados de Caio que despertava ofegante. – Que pesadelo, hein! – o mensageiro ajeitou o quepe derrubado pelo assustado. – Você está bem?

– Ah, puxa vida! – recostou-se o sonolento no sofá pondo-se a esfregar os olhos. – Esses pesadelos estão cada vez piores.

– Sonhou com o homem estrangulado? – disse o amigo, vendo Caio confirmando com a cabeça. – Eu também já tive pesadelos que não me deixavam em paz.

– Como se livrou deles?

– Só quando fiquei até o fim do sonho é que consegui de uma vez por todas.

– Acho que, no meu caso, só vou conseguir quando resolver o caso.

– É uma pena que Mary foi embora. Ela é muito boa com mistérios. Quem sabe um dia ela desista de vez de ser cantora e pense mais a sério em virar detetive.

– É mesmo – riu Caio. – Ela tem mais coragem de enfrentar um assassino do que enfrentar uma plateia.

– É melhor ajeitar tudo isso, antes que madame Blanche veja. Tá na hora do almoço e, se bobear, ela vai encrencar comigo. Ela está doida pra me tirar da cozinha – Charlie foi ajeitando as almofadas lançadas por Caio durante o susto. – Até seu casaco sofreu com seu pesadelo. Como ele está amarrotado. Coitado! Acho que nem um mendigo vai querer ficar com esse pobre casaco – Caio estava muito pensativo ao pegar o agasalho de volta. – O que foi? – perguntou Charlie, intrigado.

– Casacos.

– Do que você está falando?

– Havia um monte de casacos no armário do albergue junto com os pacotes coloridos – Caio ficou sentado, olhando atentamente para o casaco.

– Mas qual é o problema de haver casacos lá? Um albergue sempre doa casacos.

– Sim, mas por que esses casacos estariam num armário trancado? Eles não deveriam estar junto com as outras roupas?

– Você acha que eles têm a ver com os pacotes?

– Eu não sei – ficou Caio pensativo. – Todos eles eram escuros e com dois bolsos. São todos do mesmo tipo. Nunca vi ninguém de fora do albergue recebendo esse tipo nas doações.

– Ninguém?

– Só os mendigos que frequentam... – Caio arregalou os olhos ao encarar o amigo preocupado.

– Caio, por acaso, esse casaco aí é de onde estou pensando?

– Eu ganhei no albergue... – Charlie e Caio se calaram. O silêncio naquele segundo fez vir à tona um súbito pensamento que fez os dois rapazes ficarem estremecidos. Sem mais dúvida, os dois se puseram a revistar o agasalho.

– Não acredito – disse Caio, quando sua mão se deparou com uma abertura camuflada no bolso lateral. – Todo esse tempo, eu tinha a resposta! Era assim que eu levava os diamantes! Mas como eles colocavam?

– Ora, Caio, qualquer um que morou na rua sabe como esbarrar numa pessoa e furtar uma carteira. É mais fácil ainda botar.

– Aí, não! – disse Caio com a mão batendo na testa. – Mas como eu deixei essa passar! – Caio ficou a agitar-se, jogando longe o casaco. – Era por isso que aquelas recepcionistas, lá dos locais da entrega, faziam tanta questão que eu tirasse o casaco. Enquanto eu ficava lá feito um bobo, esperando pra entregar um pacote que não tinha nada de mais. Elas tiravam os diamantes de dentro do bolso falso... Ela nem esbarrava em mim para botar os diamantes... Ela sempre colocava trocados no meu bolso... E eu pensando que ela estava sendo boazinha... Eu até achava que ela me tratava como criança... Mas que droga! Ela estava me usando todo esse tempo. A bandida enfiava os diamantes nesse bolso falso e eu nem percebia!

– Diabos! – xingou o ator. – Ela quem?

– Madame Dupin!

– Aquela velhinha! Você está brincando?

– É, sim, é ela!

– Mas... Espere aí – refletiu o ator atordoado. – Eu já tive que aguentar a história de um mendigo que não era mendigo. Um assassino que é ator. Um albergue que não é albergue... Vai me dizer agora que a velha não é uma velha... – Charlie voltou-se lentamente para Caio. – Que o assassino é...

29 - A confissão

– Chamem um médico! – Caio e Charlie se fixaram num homem entrando na pensão. – Um médico, por favor!

– Mas, raios que partam! – resmungou madame Blanche atrás do balcão. – Que gritaria é esta na minha pensão, monsieur Emiliano?

– É a madame. Ela está passando mal aqui na rua – o homem corria por todos os cômodos. – Cadê o doutor Boir? Cadê?

– Acalme-se! – pediu Marine nas escadas. – Doutor Boir está no quarto dele. Eu vou chamá-lo.

– Chame logo! – desesperou-se o sujeito. – Eu não sei se ela vai aguentar... Ela pode morrer!

– Morrer! – apavorou-se a dona da pensão. – Mas afinal, quem é que está passando mal?

– Madame Dupin! Madame Dupin!

– Será que é o coração? – disse uma garota ao lado de uma mulher.

– Não – contrariou uma outra mulher. – Isso não parece coração. Olha como ela apalpa o estômago!

– Será que foi o molho do peixe? – sugeriu um senhor de óculos junto aos outros hóspedes que começavam a se aglomerar próximos ao sofá onde agonizava a assistente social.

– Como, do molho do peixe? – reclamou a cozinheira. – Madame Dupin ainda nem almoçou.

– Devem ter sido aqueles mariscos do jantar de ontem – disse o senhor de óculos. – Eu bem que achei com um cheiro estranho.

– Não pode ser isso – contrariou uma senhora de características orientais. – Eu comi os mariscos e não senti nada.

– É verdade, eu também me fartei deles e não sinto nenhuma dorzinha no estômago – apoiou uma senhora sentada num canto.

– Não se atrevam a botar a culpa na comida da minha pensão – enfureceu-se a senhoria, afastando os curiosos com a bengala. – Ninguém passa mal com a comida servida aqui.

– Sinto dizer, madame Blanche – disse o médico sentado ao lado da doente, verificando a pulsação –, mas essa hipótese ainda não pode ser descartada. Dependendo da resistência da pessoa, a mesma quantidade de veneno afeta as pessoas de formas diferentes.

– Veneno! – assustaram-se todos, inclusive Caio e Charlie que assistiam a tudo do outro lado da sala.

– Como veneno? – bronqueou a dona. – Que absurdo está dizendo.

– Essa mulher foi envenenada por arsênico.

– Arsênico! – disse Marine, fazendo o sinal da cruz.

– Como pode ter tanta certeza, seu médico de araque? – gritou madame Blanche. – Como pode, hein?

– Para sua informação, madame, o arsênico deixa o suor e o hálito de alho – a senhoria fez o possível para se controlar. Bem ou mal ela estava diante de um dos inquilinos que pagava em dia. O médico, como que satisfeito, voltou à discussão. – Bem, agora vamos examinar os fatos. Não podemos descartar nada.

Marine olhava para o médico que, apesar de exibir uma expressão envelhecida e, como era sabido, tinha problemas, parecia bem convicto de seu diagnóstico.

– Se não surgirem complicações, ela ficará bem. – ponderou o médico. – Mas quero saber como aconteceu isso? Quem preparou o jantar?

– Quer dizer que alguém pode ainda passar mal? – espantou-se uma das hóspedes.

– É possível – confirmou o médico.

– Não vai botar a culpa na minha comida – enfureceu-se a velha, erguendo a bengala. – Eu não senti gosto estranho nenhum na comida.

– Arsênico não tem gosto e nem cheiro – disse o fotógrafo, impulsivamente, saindo detrás de um grupo de mulheres. – Pode ter sido a sopa de cogumelos.

– Ai, por todos os santos e demônios! – agitou-se a dona. – Isso não pode acontecer! Na minha pensão, não!

– Calma, madame – disse Marine, abaixando a bengala ameaçadora. – Tenho certeza de que tudo vai se resolver.

– Preciso de uma lista completa de tudo que foi servido aqui, incluindo o café desta manhã. Vou levar a amostra de tudo para exame completo.

– Doutor Boir – disse Marine com uma voz baixa, segurando a senhoria –, não acha que pode ser uma intoxicação alimentar? Afinal, isso faz mais sentido do que envenenamento.

– Madame, eu não posso achar nada se não fizer os exames, mas creio que ainda sou capaz de reconhecer um envenenamento por arsênico baseado nos sintomas, e especialmente, na minha experiência.

– Mas como todos estão bem, exceto ela?

– As pessoas reagem de forma diferente. Madame bem sabe disso. Tenho lhe receitado arsênico e nada de mal lhe acontece, não é certo?

Todos se voltaram para a figura constrangida de Marine.

– Afastem-se! – exigiu o médico aos hóspedes. – Deixem a mulher respirar!

Todos foram andando para trás... A acamada não dizia coisa por coisa nenhuma. Emitia sons, quase grunhidos. Ela tremia tão intensamente que seus óculos foram escorregando até tombar no chão. O médico levantou a cabeça de madame Dupin e a amparou no seu colo. Foi nesse exato momento que o inesperado arrebatou os olhos dos espectadores curiosos. Os grampos que seguravam os cabelos grisalhos se desprenderam delatando os cabelos pretos curtos ali camuflados.

– É um homem! – gritou Marine, com as mãos sobre os lábios, fazendo sinal da cruz. – Valha-me, minha santíssima.

– Madame Dupin é um homem? – disse ainda incrédulo o senhor Emiliano. – Não pode ser!

– É um homem! É um homem... – inúmeras vozes foram ecoando a grande revelação.

Gritos de horror, lamentos e cochichos... Tudo ficou suspenso no ar com o enigma daquele homem disfarçado.

– Traga água! – gritou o fotógrafo.

– Isso é um disparate! – ergueu a voz a senhoria. – Chamem a polícia!

30 - O detetive Toriop

– Calma, calma, gente! – exigia um homem de longo bigode preto, ostentando dois grandes cavanhaques, acompanhado por dois companheiros.

– Mas quem é monsieur? – indagou o fotógrafo.

– Sou o detetive Toriop – respondeu o oficial, tirando o sobretudo e o chapéu coco e entregando-os a um dos guardas.

A falsa velha, por um tempo, ficou muda como se finalmente o veneno a abatesse, mas, de repente, voltou a estremecer violentamente, agitando as mãos e a cabeça, atraindo a plateia que persistia em ficar entretida com o drama.

– É melhor chamar um padre – sugeriu Marine. – Ela... Ele não pode morrer sem darem a extrema-unção.

– Não! – soltou um grito o moribundo.

O investigador se aproximou junto com o médico tentando conter a bizarra situação. Seguraram os braços do envenenado. O médico, vendo a falsa mulher ofegante, afrouxou a cintura da saia... Em volta da saia surgiu um longo fio resistente... Caio ficou abalado ao reconhecer o fio da morte.

Quando o quase morto virou-se para os representantes da lei fardados, como que atingido por um raio, pôs-se a despejar uma forte expressão de súplica.

– Eu não posso morrer assim – disse a vítima balbuciando as letras. – Eles estão... Querendo me matar... Porque... Eu falhei.

– Eles quem? – interrogou o detetive. – Fala! Falhou em quê?

– Eu o vi... O pastor entrou lá... Eu o segui. Mexeu no aquário. Ele descobriu. Eu tinha que silenciá-lo... Eu não matei como devia... O pastor conseguiu fugir de mim... Não era para ele morrer... Daquele jeito, não. A Ordem não admite erros. Agora... Eles querem me matar! Eu falhei!

– Você é da Ordem? – ficou o detetive surpreso. À sua volta, a aglomeração crescia e tornava-se mais inquietante com a revelação.

– O que é a Ordem? – questionou o médico.

– Não sabemos muita coisa. A única coisa que conseguimos descobrir é que a Ordem é um grupo de mercenários especialistas em assassinatos políticos.

– Mas e os diamantes? – sussurrou Charlie a Caio. – Como isso se encaixa?

– Sei lá! – sussurrou em resposta Caio. – Deve ser um jeito de financiar os crimes.

– Que loucura! No que a gente foi se meter! – disse o ator em voz alta à vista de todos que o rodeavam.

O criminoso voltou a ter fortes convulsões. Todos se calaram. No ar pairava uma música suave.

– Eu preciso confessar... Fui eu! Eu matei... Eu matei Ester. Eu não queria, mas a Ordem exige e devo ser fiel. Gustav... Eles não deviam ter roubado a Ordem. Todos que trabalham para a Ordem... Os outros atores sabem... É assinar a pena de morte. Não entendem? Eu tive... tive de matar os dois. E eles nem desconfiaram que eu fui mandado pela Ord... – o agonizante ficou com a voz engasgada com a crise de tosse. – Eles gostavam de mim. Foi tão fácil... Eles acreditaram que eu queria ajudá-los a escapar... Eu não queria fazer isso... Foi a Ordem! Eu sou inocente de...

– De onde está vindo essa música? – disse, repentinamente, Charlie ao ouvir a melodia carregada de lamentos.

– O quê? – estranhou Marine ao lado.

– Que música é essa?

– Ah, essa? – reparou Marine, finalmente, sem desviar nem por um instante da falsa velha. – É o violino do Albert. Ele diz que com música ele consegue concentrar-se melhor.

– Só mesmo Albert pra dar esse toque – pensou alto Caio, notando que, finalmente, o assassino se rendia a um sono profundo. – Que azar! Justo hoje a Mary tinha que viajar.

– Ela vai ficar furiosa quando eu contar pra ela – ponderou Charlie ao ver que todos já se afastavam com o desfecho da cena e formavam pequenos grupos a fazer comentários.

O oficial ficou a conduzir o remanejamento do doente até a ambulância parada na frente do prédio. Sem ninguém perceber, Caio e Charlie se mantiveram próximos ao detetive.

– Ele vai ficar bom? – disse Toriop ao médico ao seu lado.

– Ele está fora de perigo, no entanto, pode ser que fiquem algumas sequelas. Preciso fazer um exame mais detalhado do fio do cabelo para conferir a dosagem ingerida.

– Então, por enquanto, tenho que me preocupar com o envenenador.

– Parece que sim.

– Tem alguma suspeita de como o envenenaram?

– Não sei, mas pela hora que surtiu efeito, o mais provável é que tenha sido feito na parte da manhã. Tem ideia de quem possa ser?

– Pode ser qualquer um, Alfred. Até você, meu amigo, terei que investigar – deu o oficial um riso sem graça. – É, terei que inquirir todos que mantinham contato com a vítima minuciosamente. Acredito que teremos mais esclarecimentos quando ele recobrar os sentidos. Pode ser que tivesse algum comparsa que more aqui com ele na pensão... Pode ser alguém do albergue... Pode ser qualquer coisa que nem ainda imaginamos... Você acha que vai demorar para ele poder falar?

– Não. A desintoxicação é feita a maior parte pelo próprio corpo através da urina. Pelo jeito, seja quem for que o envenenou, felizmente errou na dose.

– Não sei, não – disse Toriop, passando a mão no bigode. – Parece mais certo dizer que o responsável por isso apenas colocou para provocar sintomas de intoxicação. Se ele fazia parte da Ordem, é de se intuir que não mandariam um amador para fazer o serviço. Acho que eles queriam somente assustá-lo... Ou desmascará-lo.

– Mas assim eles não correm o risco desse homem contar tudo sobre a gangue? – raciocinou o clínico.

– Acho que eles já deram o recado caso alguém mais ouse dizer algo que incrimine a Ordem.

– Se fosse comigo, aí é que eu ia ficar com raiva e contaria tudo.

– É, admito que é estranho esse modo de operar em tal circunstância, mas não adianta ficarmos imaginando os porquês. Isso tudo vai ter que ser muito bem averiguado. Vou ter trabalho por muitos dias.

– E quanto ao pastor que morreu? – lembrou Alfred. – Ele poderia estar envolvido?

– Não sei. Tudo é possível. Só com o tempo obterei mais respostas.

31 - A carta de Mary

Dias se passaram e a rotina da pensão e o tempo se aliaram para fazer com que todos se esquecessem do grande acontecido. Somente a presença esporádica do detetive trazia de volta alguns pequenos comentários dos inquilinos, já mais preocupados com a outra novidade que rondava a cidade. Marine era uma dessas pessoas que já tratava de se atualizar sobre o novo assunto que sobrevoava a cidade. Todos os dias, ela trazia informações quentinhas de como estava indo o progresso do aeroplano construído pelo piloto brasileiro, Alberto Santos Dumont. O novo modelo dotado de asas, sem uso de balão nem gás, deixava todos alvoroçados.

– Ai, mio San Gennaro – disse uma senhora loira italiana à Marine e a um cavalheiro que estava perto da porta da rua. – Estava já aflita com os passeios desse Dumont sobre nossas cabeças quando se metia a atracar seu dirigível bem em cima do meu café, e agora... Como é que vai ser com essa coisa de aeroplano?

– Eu sei como se sente, Sofia – Marine olhava o movimento da rua. – Esses homens voadores aprontam tanto. Sabe que uma vez esse piloto brasileiro derrubou uma chaminé de uma fábrica? – a mulher ao lado ficou estarrecida. – Verdade! – prosseguiu Marine. – Da outra vez, desceu em cima da casa de um camponês. Eu não sei onde isso vai parar.

– É o que pagamos pelo progresso, madame – comentou o homem segurando uma bengala. – Mas não podem deixar de concordar que esse feito é admirável. Já imaginaram as possibilidades?

– Se for para ter um bando de fregueses sobrevoando o meu café, já posso começar a pensar em cobrar mais então. Eu já pago um extra para os meus garçons terem coragem de subir aquela horrível escada de cordinha até o balão para poder servir!

O grupo ria quando Charlie, vindo da rua, passou por eles e foi à cozinha.

– Olá, Charlie – cumprimentou Caio sentado ao lado da mesa, servindo-se de um chocolate quente.

– Tenho boas novidades – agitou o mensageiro a mão exibindo três cartas. – Você nem imagina. Eu recebi uma carta do meu irmão Syd.

– E aí, o que ele conta?

– Ele conseguiu, conseguiu!

– O quê? Conta logo!

– Eu vou trabalhar na Karno!

– Aonde? – quis saber Caio.

– Na companhia de Fred Karno! Ele trabalha com espetáculos... – engasgava todo momento por pura emoção. – Syd já trabalha lá como ator há algum tempo... Ele... Ele conseguiu... Eu vou atuar num quadro de pantomima.

– Demais! E onde eles se apresentam? É aqui perto?

– Esse é o chato, vou ter que partir. Syd e Fred estão me esperando em Londres – Charlie ficou a beijar a carta do irmão. – Mas, se tudo der certo, talvez a próxima vez que eu vier aqui em Paris, quem sabe já terei me tornado um astro da Karno?

– Pode acreditar, Charlie, eu tenho certeza que você vai ser um grande sucesso e não vai ser só aqui em Paris, monsieur Charlie Chaplin.

– Eu vou fazer o impossível para conseguir isso – ainda eufórico, esticou a mão segurando outra carta. – Esta é para você.

– É de Mary! – ficou o amigo surpreso.

– Eu também recebi uma. Depois você me conta o que ela disse na sua. Tenho que ir agora. – o ator saía de cena.

– Vai deixar de tomar o café?

– Hoje não vai dar. O pessoal da estação está numa tremenda confusão por causa da exibição do aeroplano. Eu só vim aqui pra entregar a carta. A gente se fala mais tarde depois.

– Combinado. – Caio se despediu. Animado, tratou logo de abrir o envelope e ler a carta da amiga.

Querido Caio,

Sinto muito a sua falta, e também a de Charlie. Espero que estejam bem.

Como gostaria de estar nesse momento aí com vocês, especialmente assistindo a confissão da madame Dupin, ou seria melhor dizer, o seu assassino. Sim, eu sei que ela era o homem que estrangulou o mendigo na estação. Quando retornávamos pela última vez do alvergue, comecei a raciocinar e formulei a seguinte questão: Quem mais tinha acesso ao escritório?

Minhas suspeitas foram comprovadas, primeiramente, ao sentir o cheiro que me fez espirrar do mesmo modo quando senti o forte cheiro da maquiagem de Charlie. Para me certificar, tive a ideia de provocar uma encenação da mesma forma quando eu atuei na minha aula de teatro na peça: Fausto. Foi por essa razão que comecei com aquele choro exagerado. Essa foi a maneira que achei para poder roçar meu rosto contra o rosto da madame Dupin e assim poder sentir se havia ali uma barba.

Foi muito difícil não gritar que estava diante do assassino, mas sabia que iria pôr tudo a perder se não me controlasse. Ficou muito pior quando vi você com ela, ou melhor, ele, abraçados, você usando o casaco. Foi quando me lembrei que você me contou que tinha sido ela a doadora do casaco.

À noite, abroveitei quando finalmente acabei de arrumar as malas e fui ao albergue. Dei mais uma olhada no armário e revi aqueles casacos ali amontoados. Eu tinha razão. Os casacos tinham realmente um bolso falso.

Foi terrível manter o meu silêncio, mas eu estava convicta de que precisava agir com frieza se quisesse pegar de uma vez por todas aquele monstro assassino. Eu não poderia viajar deixando esse perigoso assassino que poderia descodrir, a qualquer momento, as nossas investigações. Ele poderia acabar com você e Charlie. Eu jamais me perdoaria. Mas, como fazer? Tinha que ter um jeito de fazer isso.

O que recordo é que pensei muito, e acabou surgindo na minha mente uma passagem da minha infância. Eu tinha seis ou sete anos e me lembro de que, numa certa noite, comi um brato de cogumelos. Pela madrugada, acordei sentindo tanta dor que corri para o quarto dos meus pais. Eles acordaram com os meus gritos: "Vou morrer! Estou envenenada com cogumelos!" Mamãe acalmou-me, mas não antes de eu me ajoelhar e confessar todas as minhas travessuras que ela nem imaginava que tinham sido feitas por sua caçula.

Não tive mais dúvidas. Se eu confessei na hora da morte, certamente o assassino também confessaria se acreditasse que estava sendo envenenado.

Não foi difícil voltar ao quarto do médico. Como bem sabe, tenho como entrar em acessos trancados. Peguei o arsênico e coloquei a dose certa para que apenas deixasse o assassino com extremo medo de morrer. Antes que me pergunte, vou logo esclarecendo que sabia a dosagem, pois em minha casa quem sempre cuidou dos medicamentos foi minha nursie. Assim, observando-a, acabei aprendendo.

De manhã, voltei para o albergue e deixei um pouco de arsênico nas beiradas dos envelobes que madame Dupin sempre tratava de lamber para fechá-lo. Depois de ter executado meu plano, fui devolver os pertences de Albert e Pablo. Era a última coisa que faltava antes de partir.

Desculpe se não contei nada. Eu decidi não envolver você e Charlie na minha armadilha, pois queria que vocês agissem o mais espontaneamente possível quando fosse tudo revelado.

Com relação aos roubos, quero esclarecer que não tive, em nenhum momento, a intenção de prejudicar Albert ou Pablo. Eu só segui a sugestão de Albert, Pablo e Jean que viviam me dizendo para ser mais ousada, e fiquei muito chateada com isso. Também estava seguindo, especialmente, o conselho de minha mãe que sempre me achou tímida demais. Queria fazer algo que jamais alguém acharia que uma garota como eu, de educação vitoriana, pudesse fazer.

Prometo que não vou mais usar meu amigo invisível para esse tipo de atitude. Mas não vou negar que essa foi a minha melhor aventura que tive até hoje. Eu só tive que colocar uma dose de sonífero no chá de Albert e lambuzar com banana os seus papéis quando entreguei a ele os papéis em branco. Fui me aperfeiçoando. No caso de Pablo, como fiquei aborrecida do modo como me tratou após minha trágica apresentação na casa de madame Stein, decidi dar uma pequena lição. Enquanto Max conversava com minha mãe, aproveitei para lambuzar também com banana os esboços que ele deixara em cima da mesa da sala e depois coloquei outra dose de sonífero no vinho. Meu amiguinho treinado pegou tudo direitinho. Depois, abriu a janela e me entregou enquanto eu esperava na escada de incêndio.

Minha mãe não está bem, por recomendação médica teremos que passar o inberno no Cairo. Suas crises cardíacas pioraram. Minha mãe jamais foi muito andarilha e depois, com essas crises, sai pouco, pois em Torquay é impossível caminhar sem suvir e descer ladeiras e escadarias. Por isso, vamos alugar novamente a nossa casa, Ashfield, e com a soma conseguiremos covrir facilmente os gastos da viagem. Quem sabe lá, eu aprenda com os antigos egípcios mais coisas sobre venenos?

Só espero que a cigana esteja errada a meu respeito. Não posso aceitar a ideia de que serei culpada por "tantas mortes em minhas mãos sem nenhuma gota de sangue" como ela profetizou.

Talvez lá no Cairo eu comece a acreditar mais na minha intuição, que está a me perturbar querendo me fazer acreditar a todo custo em coisas impossíveis, como você ser um viajante do tempo.

Só o tempo me dirá que estou certa, ou você me escreverá, confirmando?

Sua sempre amiga, Agatha.

Ps: perdoe esta carta mal redigida e com troca de letras que, segundo parece, veio da maneira como aprendi a ler, decorando as palavras e não as letras. Escrever sem garranchos e sem erros sempre foi difícil para mim. Ainda bem que não penso em ser escritora, empora minha mãe goste de me encorajar.

Caio ficou mais uns minutos ali parado. A carta trazia a saudade naquelas palavras bem desenhadas da sua amiga disléxica. A última frase foi relida várias vezes. Algo o incomodava.

"O que é mesmo que a cigana disse sobre Mary?" – falava ele sozinho, esforçando-se ao máximo. A memória, finalmente, trouxe a resposta: "Será rica e famosa... Casará. Filha. Casará outra vez com alguém mais novo, mas que vive no passado... Deserto... Múmias... Areias... do tempo correm em suas mãos. Mentiras. Mortes. Tantas mortes em suas mãos sem nenhuma gota de sangue... Veneno. Carregará o nome de Cristo para o resto de sua vida."

A última frase fez Caio arregalar-se e gritar:

– Mary! É Agatha... Agatha Christie!

– Caio! – chamou madame Blanche, entrando na cozinha.

– O que foi?

– O tal suíço que é alemão telefonou agorinha. Ele pediu para você ir se encontrar com ele lá em Bois de Boulogne.

– Como! – disse Caio, guardando a carta no bolso do bermudão. – Mas o que aconteceu com ele?

– Deve ter sido o de sempre. Aquele maluco alemão se perdeu de novo. É bom você trazê-lo de volta logo. Não quero desculpas para ele não quitar a conta desta semana. Vai logo, seu molenga! – a senhora ralhou, empurrando o rapaz com a bengala. – Volte logo, hein! Depois eu quero você limpando o jardim.

32 - O voo de Santos Dumont

– Santos Dumont! – gritava um homem, passando por Caio que estava rodeado por uma multidão ali, em Bois de Boulogne. – Olha para cá, para a câmera! – ele chamava a um jovem piloto pequeno e franzino, bem vestido, que segurava o chapéu elegante de abas largas, tentando evitar que fosse levado pelo forte vento. – Aqui! – perseverava o homem sem notar que o piloto estava totalmente compenetrado a conversar com dois mecânicos próximos a um aeroplano sendo desatrelado de um imenso dirigível onde se lia SD-14.

– Caio! – disse alguém, apoiando a mão no ombro do rapaz distraído. – Que bom que você veio.

– Albert, você está bem? Madame Blanche disse que queria que eu o encontrasse. Você está perdido de novo?

– Não, Caio, nunca estive tão bem orientado como hoje. Só o chamei para sairmos um pouco daquela pensão. Não gostou?

– Até que foi uma ótima ideia. Puxa! Como isso aqui está cheio! Não imaginava que ia ter a chance de ver o 14-Bis de perto. Ele é diferente das fotos que eu vi.

– Sim, claro. Das fotos que viu – reagiu Albert, indiferente. – O que acha de dar uma olhada mais de perto. Eu encontro com você depois aqui nesse mesmo local.

– Por mim está ótimo – sorriu, movendo-se no meio da multidão. – Volto logo!

– Não tenha pressa – tranquilizou o cientista, acenando para o rapaz misturado entre os curiosos à frente do aparelho. – Leve o tempo que precisar.

– Isso é maravilhoso! – elogiou um homem alto que conversava com outro sujeito perto de Albert.

– Vai ser maravilhoso se isso sair do chão.

– Tem dúvida? – rebateu o homem, erguendo uma das sobrancelhas ao ver o companheiro confirmando. – Tolice, meu bom homem. Está na frente de uma grandiosidade e ainda reage como se fosse nada?

– Só vou acreditar no dia em que Santos Dumont conseguir tirar esse aparelho do chão sozinho sem ser puxado por um dirigível, como ele tentou, e mesmo assim não deu certo.

– Ele vai conseguir, não estou certo, monsieur? – pediu o homem alto o apoio de Albert, que se empenhava em não perder Caio de vista. – Monsieur! – insistiu o homem e, finalmente, obteve a atenção do cientista. – Monsieur não acha que estou correto em afirmar que, algum dia, Santos Dumont vai conseguir levantar voo sem ajuda de um dirigível, que ele vai simplesmente decolar?

– Sim – persistiu Albert a observar Caio. – É uma questão de tempo. Para mim, estamos a continuar um trabalho iniciado por Leonardo da Vinci.

– Viu? – sorriu o homem para o descrente.

– Não dá para acreditar que ele vai conseguir só com uma hélice girando atrás da cadeira do piloto. Aquelas rodinhas de bicicleta não aguentam nem o peso do aeroplano. Enfim, é impossível! É pesado demais. Ele deveria tentar levantar voo com a ajuda de um sistema de trilho e catapulta, como eu sei que outros inventores fazem.

– Mas é possível! Santos Dumont tem construído balões dirigíveis há anos. Ele foi o primeiro a demonstrar o voo inteiramente controlado e, por causa disso, se tornou uma das pessoas mais famosas no mundo. Agora, ele volta sua atenção ao desenvolvimento de aeroplanos e tenho certeza de que ele terá êxito. Monsieur há de convir que estamos diante de um feito, de uma grande proeza, que trará muitas possibilidades no futuro. Pode-se até cogitar em transporte para centenas de passageiros sobre o Atlântico!

– Eu sei, eu sei – disse o opositor sem muita convicção – Mas cá entre nós: isso aí dá muito medo. Eu ainda prefiro um bom navio. Monsieur não acha que estou certo? – dirigiu-se ele a Albert.

– O desconhecido sempre nos assusta – definiu Albert. – O que precisamos é ser apresentado a ele sem formalidades.

Foi nesse momento que Albert encarava, sorrindo, a visão que todos ali presentes, entretidos com a iminente tentativa do voo, não assistiram. Lá estava Caio envolvido, subitamente, por uma nuvem brilhante azulada... No outro segundo, o rapaz desaparecia sem deixar nenhum vestígio. O cientista, calmamente, acendeu o cachimbo e andou para longe do evento.

– Ei, moço! – disse o homem alto. – Não vai ficar para ver a tentativa?

– É – apoiou o descrente. – Quem sabe, afinal, o futuro dessas proezas aéreas?

– Eu não me preocupo com o futuro – Albert ficou a contemplar o céu em direção a uma nuvem azulada que relampejava sobre o enorme aparelho. – Ele sempre nos alcança.

Albert virou-se de costas e foi seguindo o seu longo trajeto no espaço-tempo.

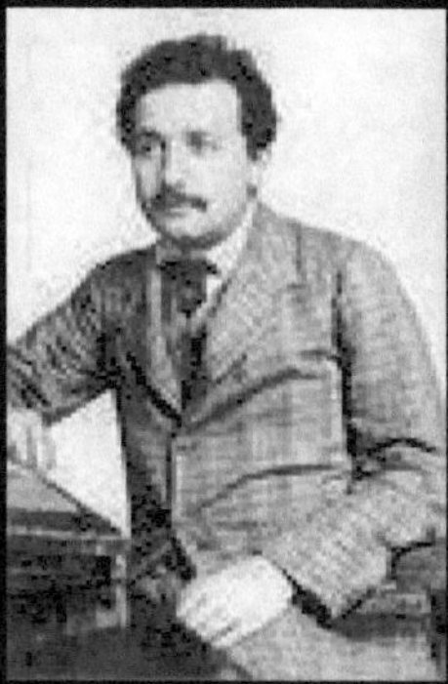

ALBERT EINSTEIN

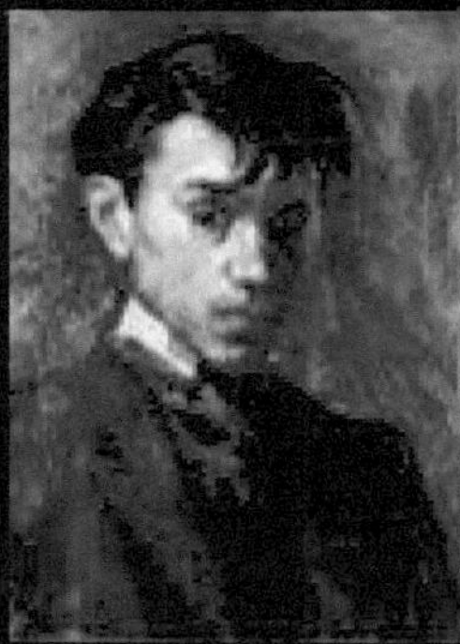

PABLO PICASSO

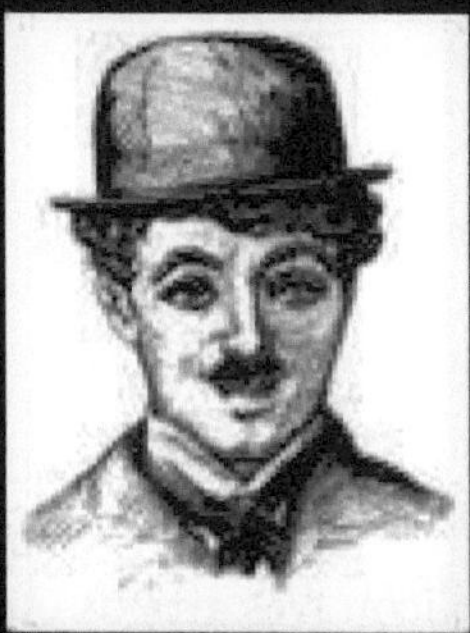

CHARLIE CHAPLIN

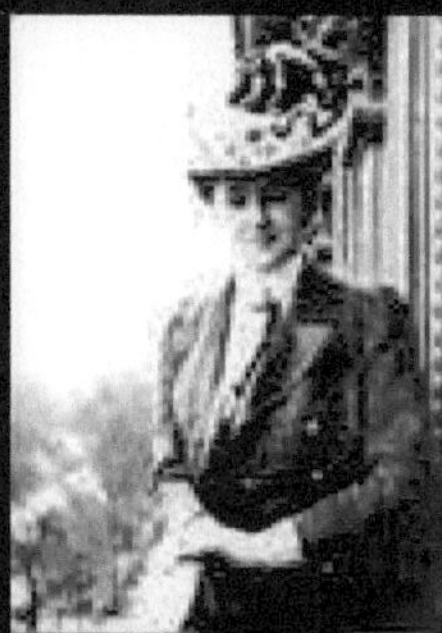

AGATHA CHRISTIE

ALBERT EINSTEIN

(1879 - 1955)

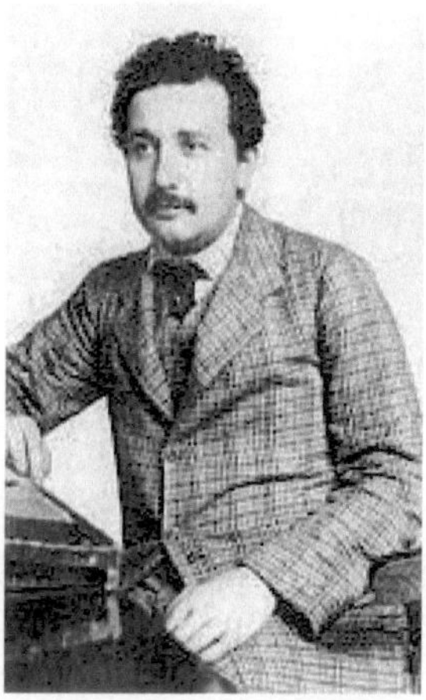

Einstein em 1905

A imaginação é mais importante do que o conhecimento.
Albert Einstein

Em 1905, aos 26 anos, Albert Einstein publicou três artigos que revolucionaram a Física, dentre eles. a Teoria da Relatividade. Após a morte de Einstein, as teorias continuam gerando debates no meio científico. O ano 2005 marcou o ano da Física em homenagem aos 100 anos dos artigos escritos por Einstein.

Albert Einstein nasceu a 14 de março de 1879, em Ulm, na Alemanha, em uma família judia da classe média. Seu pai, Hermann Einstein, possuía uma oficina eletrotécnica, com o irmão Jacob, e tinha um grande interesse por tudo que se relacionasse com invenções elétricas.

Em 1881, nasce Maria Einstein (Maja). Einstein teria sempre uma relação muito íntima com a irmã. Eles recebem uma educação não religiosa. A juventude de Einstein é solitária.

Embora tenha começado a falar só aos três anos, não é verdade que tenha sido um fraco estudante. Um traço evidente do seu caráter, que mais tarde se manifestou de forma inigualável, era a sua obstinação e ousadia.

Enquanto estudante, só se aplicava quando o assunto lhe interessava intensamente. A ciência foi uma preocupação na sua vida desde muito cedo.

Aos cinco anos, fica profundamente impressionado com uma bússola que ganhara de presente de seu pai. "*Como é que uma agulha pode se movimentar, flutuando no espaço, sem o auxílio de nenhum mecanismo?*" – disse o jovem, imaginando que todo objeto deveria ter algo de oculto...

Aos sete anos, ele demonstra o teorema de Pitágoras, para surpresa do seu tio Jakob, que poucos dias antes lhe ensinara os fundamentos da geometria. Aos onze anos, descobre o que mais tarde designou como o "livro sagrado da geometria" de Euclides.

Em 1894, o negócio do pai em Munique fracassa, e a família desloca-se para a Itália, deixando Einstein para trás a fim de completar o ensino secundário. Einstein, que tolerava com dificuldade a rígida disciplina do Ginásio, abandona a escola aos 15 anos e se junta à família em Milão. Mais tarde haveria de confessar:

> *"É quase um milagre que os métodos modernos de ensino não tenham eliminado a sagrada curiosidade que conduz à pesquisa; o que esta planta delicada necessita mais do que qualquer outra coisa, além do estímulo, é a liberdade. É um erro muito grave pensar que a alegria de ver e procurar pode ser promovida por meio da coerção e do senso de dever"*

Após meio ano de viagens, faz o exame de admissão ao Instituto Politécnico Federal em Zurique (E.T.H.), Suíça. Tenta entrar lá, apesar de não ter o diploma do secundário e ser mais jovem do que o previsto para ingressar em curso superior. É reprovado nas provas de química, biologia e línguas modernas, mas seus excelentes resultados em matemática e física chamaram a atenção do diretor da escola, que lhe aconselha a concluir o curso secundário na escola cantonal em Aarau, próxima a Zurique

Durante sua curta estadia nessa escola, ele escreveu sobre seus planos para o futuro:

"Se eu tivesse a sorte de passar em meus exames, iria para Zurique. Eu ficaria lá por quatro anos para estudar matemática e física. Eu me imagino virando um professor nesses ramos das ciências naturais, escolhendo a parte teórica deles. Aqui estão as razões que me conduzem a esse plano. Acima de tudo, é a minha disposição pelo pensamento matemático e abstrato, e minha falta de imaginação e habilidade prática."

Ficou mais do que feliz nesse ambiente livre e motivador da escola cantonal, e já se preocupava com um problema que nem ele, nem seu professor sabiam resolver: queria saber qual o aspecto que teria uma onda luminosa para alguém que a observasse viajando com a mesma velocidade que ela! Pareceria congelada? Este problema voltaria tempos depois, quando Einstein formulou sua teoria da relatividade.

Em setembro de 1896, foi aprovado nos exames finais, o que lhe concedia a admissão em uma universidade. Com exceção de francês, suas notas foram boas em todas as matérias, especialmente em matemática, física, canto e música (violino).

É finalmente admitido no ETH em 1896. Para sua surpresa e decepção, a Escola Politécnica não atendia a suas expectativas. Ao contrário da escola de Aarau, onde as aulas se desenvolviam em estimulantes discussões, no ETH os professores se contentavam em ler, em voz alta, livros inteiros! Para fugir do tédio de aulas tão monótonas, Einstein decide "matar aulas", aproveitando o tempo livre para ler obras de física teórica.

Ao concluir o curso, em agosto de 1900, ele fica na esperança de ocupar o cargo de assistente do professor Hurwitz, para logo depois descobrir que perdeu o emprego por influência do seu ex-orientador, H.F. Weber. Começam aqui as manifestações de má vontade de seus ex-professores. Einstein procurou emprego durante muito tempo. Enquanto isso, dedicava algumas horas do dia lecionando numa escola secundária.

Na páscoa de 1902, Maurice Solovine leu um anúncio num jornal de Berna segundo o qual Albert Einstein dava aulas particulares de matemática e física por três francos a hora. No terceiro dia de aula, Einstein desistiu de cobrar e sugeriu que eles tivessem apenas reuniões diárias para discutir o que bem entendessem. Algumas semanas depois, Conrad Habicht começou a participar das discussões. Para ridicularizar as verdadeiras academias científicas, passaram a se autodenominar Akademie Olympia. Foi com esses dois colegas e com Michele Besso que Einstein discutiu as ideias científicas que resultaram nos extraordinários trabalhos publicados em 1905.

Dessas animadas reuniões, ele ainda se lembrava nostalgicamente no fim de sua vida. Eventualmente, Einstein dava um concerto de violino. Se o ambiente era intelectualmente rico, a janta era triste; comiam geralmente uma salsicha, uma fruta, um pedaço de queijo, mel e uma ou duas xícaras de chá. Dos três, o único que escreveu algo sobre essas reuniões foi Solovine. Na introdução do seu livro, "Albert Einstein: Letters to Solovine", ele diz que para discutir filosofia e ciência, eles leram Platão, Spinoza, Karl Pearson, Stuart Mill, David Hume, Ernst Mach, Helmholtz, Ampère e Poincaré. Mas também leram obras literárias de Sófocles, Racine e Charles Dickens. Desses, os que mais influenciaram Einstein foram Hume, Mach e Poincaré.

Inversamente, nos últimos anos de sua existência, Einstein raramente tinha paciência para ler tratados científicos, e tinha que depender de seus amigos para se manter informado acerca de trabalhos desenvolvidos por outros cientistas.

Então, em 1902, consegue um emprego como técnico especializado no Departamento Oficial de Registro de Patentes de Berna, sendo promovido, em 1906, a perito técnico de segunda classe. Einstein permaneceu lá até 1909, quando a Universidade de Zurique convida-o para o cargo de professor.

Os anos que Einstein viveu em Berna foram muito alegres e produtivos. Podia ele tocar seu violino, cujo prazer imenso propiciava-lhe momentos de total meditação.

Contando com o salário do registro de patentes para assegurar-lhe uma vida modesta, e com obrigações profissionais pouco exigentes, sobrava-lhe tempo para a contemplação. Seu raciocínio criador pôde desenvolver-se a passos largos.

Em 1905, Einstein elaborou sua tese de doutorado pela Universidade de Zurique, a qual foi dedicada a seu amigo Grossmann e que recebeu o título "Sobre uma determinação nova de dimensões moleculares". Sua tese apareceu publicada na edição da revista científica alemã "*Annalen der Physik* " (Anais da Física) que continha os seus cinco artigos.

Então o artigo intitulado "Sobre a eletrodinâmica dos corpos em movimento", revolucionou a Física Newtoniana. É a que faz a síntese da mecânica clássica, da óptica e da teoria eletromagnética de Maxwell, demonstrando que o espaço e o tempo não são independentes entre si, mas relativos, e que a massa é uma grandeza relativa e não absoluta, variando com o movimento.

Em seguida, o trabalho intitulado "A inércia de um corpo depende do seu conteúdo em energia?" foi o corolário do trabalho precedente.

Einstein desenvolveu a nova ideia de equivalência entre massa e energia. Einstein expôs a formulação inicial da teoria da relatividade que, mais tarde, o tornaria mundialmente conhecido. Einstein propôs a famosa equação:

$E = mc^2$

(E = energia, m = massa do objeto, c = velocidade da luz).

Esta equação afirma que a massa de qualquer objeto é diretamente proporcional à sua energia. Na época em que foram apresentadas, as teorias de Einstein, além de serem complexas, eram altamente polêmicas, gerando muita controvérsia.

De 1909 a 1932, Einstein foi professor de Física Teórica nas Universidades de Zurique, Praga e Berlim.

Criou uma nova teoria da Relatividade geral em 1915, e em 1921, recebeu o prêmio Nobel de Física. Einstein fez contribuições importantes em quase todas as áreas da física, mas, sem sombra de dúvida, suas mais importantes contribuições foram aquelas relacionadas às teorias da relatividade restrita e da relatividade geral.

Einstein tornou-se um cidadão dos Estados Unidos em 1940, país para o qual ele emigrara em 1933, forçado pela ascensão do nazismo. Começou a lecionar no *"Institute for Advanced Study of Princeton"*, em New Jersey. Einstein estava sempre preocupado com os problemas da sociedade e era um pacifista e defensor do judaísmo. Entretanto, em 1952, ele polidamente declinou do convite para ser presidente de Israel.

Sendo um grande e profundo pensador, ele se deleitava no silêncio da reflexão científica e filosófica. Embora seja mais conhecido como cientista, também é autor de muitos bonitos pensamentos. Faleceu em Princeton, em 1955.

Mileva Maric

Mileva Maric e Albert Einstein estudaram juntos na Escola Politécnica de Zurique nos últimos anos do século XIX. Ela era a única mulher da faculdade e se destacava, principalmente em matemática. Concluíram o curso no primeiro semestre de 1900, mas ela fracassou, por duas vezes, nos exames para a obtenção do Diploma de professor secundário. Durante a segunda tentativa, em julho de 1901, ela estava com uma gravidez de três meses (Lieserl, a filha de Einstein, cujo destino é desconhecido). Deprimida, retorna à casa paterna e abandona o plano para a obtenção do diploma da ETH. Casaram-se em 1903 e tiveram dois filhos: Hans Albert e Eduard. Após dez anos de desentendimentos, separaram-se no ano de 1913. Mileva sofre de uma tuberculose cerebral e o marido cientista, então, resolve não incomodá-la com a questão do divórcio. Embora só tenha formalizado o divórcio em 1919, em setembro de 1917 Einstein muda-se para a casa da sua prima, Elsa Löwenthal, com quem vive até a morte dela, em 20 de dezembro de 1936.

Alguns autores pesquisaram sua vida durante décadas, como Djordje Krstic, cujo livro "Albert e Mileva Einstein – seu amor e colaboração", que foi publicado em sérvio, após sair em esloveno e inglês, apresenta uma série de argumentos defendendo que as obras revolucionárias foram produto de um trabalho em comum. Segundo Krstic, o casal trabalhou junto até 1913 ou 1914, quando se separaram e, cinco anos mais tarde, se divorciaram. A separação representou um golpe para ela do qual nunca se recuperou.

Os biógrafos de Mileva Maric concordam que ela viveu à sombra de seu marido, entregue totalmente a ele e à família, orgulhosa de dizer que ambos formavam "uma pedra", que é a tradução literal da palavra alemã "einstein". O interesse, tanto na Sérvia como no mundo pela vida dela, despertou há cerca de 20 anos, quando foram publicadas as cartas de amor que Mileva guardou até sua morte e que "*são de valor incalculável porque revelam como Albert Einsten crescia como cientista junto a ela*", explica a doutora Bozic.

Em 1994, a Universidade de Novi Sad criou o prêmio Mileva Maric para o melhor estudante de matemática. Também há um projeto para transformar em museu a formosa casa que seu pai construiu para ela em Novi Sad.

Einstein, o filósofo

A sua forma de fazer ciência era também nova. Era uma ciência filosófica: sentava-se, usava a imaginação, escrevia equações, voltava à realidade, via se tinha que fazer ajustes, regressava à teoria... A ciência não era assim até então, baseava-se em fatos comprovados nos laboratórios.

Einstein sempre foi muito impressionado pela filosofia de Emmanuel Kant

(1724-1804), que escreveu em seu trabalho excepcional "Crítica da Razão Pura" (1787):

"Todos os conhecimentos humanos começam por intuições, avançam para concepções e terminam com ideias"

E também:

"Pensamentos sem intuições são vazios, intuições sem conceitos são cegos."

Então, Einstein formulou o seguinte pensamento:

"Não existe nenhum caminho lógico para a descoberta das leis do Universo. Há somente o caminho da intuição".

A partir dessa nova visão, baseado na leitura, desde a juventude, de livros como "Critica da Razão Pura" de Kant, Einstein confronta com a teoria de Newton e às leis da mecânica, que estavam estabelecidas e tinham que ser modificadas. Uma das características dessa transformação é que quando as coordenadas são transformadas, o tempo também tem de ser alterado. Aí começa uma nova mecânica. Se alguém está em movimento, o intervalo de espaço é diferente em dois referenciais, logo o tempo tem de ser diferente também para que a razão seja sempre a mesma. Intervalos de espaço e de tempo são diferentes em referenciais diferentes. Os intervalos são relativos, por isso a teoria é denominada da relatividade. Não há simultaneidade em referenciais em movimento. É possível comprovar com relógios, quando comparados entre si: o que está em movimento anda mais lentamente. Se um relógio for colocado num avião Concorde, depois de uma viagem de algumas horas, podemos compará-lo com outro e há diferenças. São ínfimas, mas são mensuráveis e coerentes com a teoria de Einstein.

Curiosidades sobre Einstein

Tudo é relativo. Será?

É um erro atribuir a Einstein a afirmação de que "tudo é relativo". Einstein estava em dúvida sobre qual seria o nome da teoria. Não sabia se deveria chamá-la de Equivalência pela igualdade de energia com a massa... Ou deveria chamá-la de Invariância pela velocidade da luz não variar... Ou será melhor chamá-la de Relatividade para destacar que o tempo e o espaço são grandezas relativas ao sistema de referência?

O cientista até tentou mudar o nome de sua obra para "Teoria da Invariância", mas Relatividade foi o nome que pegou.

O cientista não reconhecido

Demorou até 1921 para ganhar o Nobel? Na verdade, Einstein foi rejeitado oito vezes pela Comissão do prêmio de 1910 a 1921, pois os jurados se mantinham divididos quanto à questão da Relatividade. Chegaram até a indicar um membro para analisar a Teoria, mas foi em vão, ele não conseguiu compreendê-la. O comitê Nobel para Física da Academia Real de Ciências da Suécia, então, não ousou conceder o prêmio com medo que algum dia alguém comprovasse que a Teoria estava incorreta.

Quando enfim deram o prêmio Nobel, no valor de 32 mil dólares, foi pelo trabalho sobre o efeito fotoelétrico.

Com seu humor irônico de sempre, deixou a todos surpresos na hora de discursar pela premiação ao ficar destacando somente a teoria da Relatividade e nenhuma linha sobre o efeito fotoelétrico.

Einstein repassou a Mileva Maric o dinheiro do Nobel, em cumprimento a um acordo de divórcio.

O músico

Aos 6 anos de idade, incentivado pela mãe, o que depois foi consolidado com lições de Heller Schmidt dos 6 aos 13 anos, o violino viria a tornar-se um instrumento fundamental ao longo de toda a sua vida, quando pretendia refletir sobre suas teorias.

Ele também gostava de compor ao piano hinos religiosos. Ele aprendeu a tocar sozinho, ouvindo a talentosa pianista que era a sua mãe e, em casa, recebia aulas de religião judaica; mas na idade de doze anos, preparando-se para seu "bar mitzvah", ele perdeu o que mais tarde chamou de "seu paraíso religioso da juventude". O que, particularmente, o chocou e o levou a rejeitar qualquer concepção antropomórfica de Deus pelo resto da sua vida foi uma citação do grego Xenófanes:

"Se bois e cavalos ou leões tivessem mãos e pudessem pintar com elas e produzir trabalhos de arte como os homens fazem, cavalos pintariam as formas dos deuses como cavalos, e bois como bois, e fariam seus corpos na imagem de suas várias espécies."

Einstein chamou sua convicção religiosa de "sentimento religioso cósmico."

Em Berlim, no ano 1919, uma pequena orquestra formada por escritores e cientistas costumava se reunir frequentemente na casa do matemático Hadamar. O repertório predileto desses músicos amadores era formado pelas sinfonias de Mozart e algumas obras de Beethoven.

Fazia-lhes falta um bom primeiro violino. Jacques resolveu o problema, trazendo para o grupo um novo colega chamado Albert Einstein. Este ainda era um desconhecido fora dos círculos especializados, mas os integrantes sabiam que o novo violinista dirigia um famoso instituto alemão e havia sido agraciado recentemente com o prêmio Nobel da Física.

Leia o testemunho do novelista George Duhamel sobre a participação de Einstein em seu primeiro ensaio:

"Einstein era um bom violinista. Tocava com clareza e rigor, observando suas entradas com absoluta precisão, mas sem fazer o menor esforço para destacar-se sobre os demais. Nos momentos de inatividade, levantava seu nobre rosto, cuja expressão era uma mistura de candura e inteligência. Estava bem vestido, mas nele tudo era simplicidade. Sentia-se que ele não dava importância às vestimentas. Já a música representava um enorme valor para seu espírito. Quanta devoção, quanta modéstia havia na personalidade desse mestre. Lembro-me, sobretudo, de alguns ensaios, em que líamos e estudávamos a Sinfonia Júpiter, de Mozart. Essa obra se transformou para mim em um símbolo de recordação de Einstein".

O navegador

Quando não trabalhava, gostava do contato com a natureza; era um navegador entusiasmado. Adorava a solidão. Isolava-se num veleiro ou então caminhava sozinho pelas montanhas.

Einstein adorava um local chamado Caputh (pequena aldeia perto de Berlim), onde tinha uma casa de veraneio às margens de um lago. A casa foi um presente dos cidadãos ao cientista em reconhecimento por seu grande prestígio internacional. Lá, ele passou seus verões e, nesse lugar, que considerava "o paraíso", fazia passeios com um veleiro que ganhou de presente de seus amigos, pelo seu 50º aniversário. O cientista chamava o barco de "*my thick sailing boat*".

Mas, como nada é perfeito, o cientista teve de abandonar o local, fugindo do nazismo, indo exilar-se nos EUA.

Tropas de choque alemãs revistaram a casa de campo de Einstein em busca de armas e munição, pois tinham informações de que ele dera permissão para militantes comunistas estocarem equipamento militar em sua propriedade. Nada foi encontrado, além de uma faca de pão! Tais acontecimentos haviam sido previstos por Einstein. Ao fechar a casa em Caputh, ele teria dito a Elsa: "*Dreh dich um. Du siehst's nie wieder*" ("Olha em volta. Não voltará a vê-la")

Na "queima pública de escritos não alemães", em maio de 1933, organizada por Goebbels, os escritos de Eisntein também foram queimados. Em julho de 1933, Einstein perdeu a cidadania alemã e seu barco à vela e suas casas foram confiscados.

Einstein declarou em março de 1933, logo após sua viagem à Europa, que era impossível para ele voltar à Alemanha. Suas palavras exatas foram:

"*Enquanto for possível para mim, somente ficarei em um país no qual a liberdade política, a tolerância e a igualdade de todos os cidadãos estão declarados na Lei. (...) Essas condições não* são satisfeitas na Alemanha de nossos dias."

O imaginativo

Albert gostava de jogos que requeriam certa paciência e tenacidade, e de preferência que pudessem ser realizados individualmente. Em vez de brincadeiras infantis com as outras crianças, no jardim, preferia construir, sozinho, complicadas estruturas com cubos de madeira e grandes castelos de cartas.

Gostava de fazer experiências mentais. Por exemplo, o que aconteceria se viajasse ao lado de um raio de luz? Ou se estivesse a cair do telhado de uma casa? Essas duas experiências mentais foram importantes para desenvolver a relatividade restrita e a geral.

Na escola, Albert sentia grande dificuldade para se adaptar às normas rígidas do estudo. Os professores eram muito autoritários e exigiam que os alunos soubessem tudo de cor. Geografia, história e francês eram grandes suplícios e, particularmente, o grego constituía obstáculo quase intransponível: decorar conjugações de verbos era para ele um horror! Enfim, no conjunto das suas habilidades infantis, nada deixava transparecer o gênio que viria a ser; seus familiares acreditavam até que ele poderia ter algum tipo de dislexia. Preferia mais as matérias que exigiam compreensão e raciocínio, tal como a matemática.

Em consequência das suas dificuldades para memorizações, ele se desinteressava pelas aulas que exigiam tais habilidades, provocando violentas reações dos seus professores. Tanto que, certo dia, o diretor da escola, coincidentemente o professor de grego, convoca-o para uma reunião e declara, entre outras coisas, que seu desinteresse pelo grego era uma falta de respeito pelo professor da disciplina, e que sua presença na classe era um péssimo exemplo para os outros alunos. Encerrando a reunião, o professor disse que Einstein jamais chegaria a servir para alguma coisa.

Educado no ambiente militarista da Alemanha dos anos 1880, o pequeno Albert nunca quis ser soldado. Certo dia, durante um desfile militar, seus pais asseguraram que ele um dia também poderia usar um daqueles belos uniformes. O garoto, por volta dos sete anos, respondeu que "*detestaria ser um desses coitados*". Também evitava atividades competitivas, incluindo aí o xadrez. Aos 16 anos, solicitou a cidadania suíça, para evitar o serviço militar na Alemanha.

Em suas notas autobiográficas, Einstein conta que ficou tão enfastiado das questões científicas que, logo depois de se formar, passou um ano inteiro sem ler as revistas especiais que eram publicadas. Isto, possivelmente, pelo fato de já haver, durante o curso, feito a leitura de todos os grandes cientistas da época – particularmente Helmholtz, Hertz e Boltzmann – adiantando-se ao programa estabelecido pela Faculdade. Preferia ficar lendo em casa a ir assistir às aulas.

Um de seus professores de matemática, Hermann Minkowski, quando viu o artigo de Einstein publicado na revista Annalen der Physik , em 1905, ficou estarrecido. "*Será que é o mesmo Einstein?*" – comentou com um colega – "*E quem era aquele meu aluno alguns anos atrás? Naquela época, ele parecia conhecer muito pouco do que lhe era ensinado!*"

Usar sapatos sem meia?

Quando a segunda esposa Elza lhe pediu para adotar hábitos mais saudáveis, respondeu que preferia pecar tanto quanto puder: fumar como uma chaminé, trabalhar feito um condenado, comer sem moderação, caminhar só quando tiver boas companhias, ou seja, quase nunca, dormir irregularmente, etc.

No cotidiano, era avesso a formalidades, começando pelas regras de vestuário. Quando começou a carreira como professor universitário na Suíça, em 1909, era apontado como alguém que se vestia aquém da elegância do cargo. Após a morte de sua segunda mulher, em 1936, seus padrões se tornaram ainda mais anticonvencionais. Vivia em Princeton, nos Estados Unidos. Os suéteres amassados e os sapatos que calçava sem meias fizeram dele uma figura folclórica no campus.

Apesar de ter uma aparência desleixada, avesso às regras, estava longe do mito do cientista desligado. 'Era muito interessado em questões históricas e políticas. No tempo da Guerra, sempre costumava dar sua opinião. Durante a Primeira Guerra, ele fazia propaganda antibelicista, defendia o diálogo entre as nações, ao mesmo tempo em que se dedicava aos seus estudos sobre gravitação. O excesso de trabalho na década de 20 chegou a provocar um colapso físico, sendo tratado pela prima Elsa Lowental, com quem se casou depois.

Pacifista sem paz

Frente à ameaça nazifascista, concluiu que uma guerra pode ser justa se "o inimigo busca o extermínio da vida em si mesma". Foi criticado por outros militantes do movimento pacifista, mas sustentou sua posição. Assinou uma carta enviada ao presidente norte-americano, Franklin Roosevelt, em que defendia a realização de estudos sobre o uso da energia nuclear. A carta foi um dos fatores decisivos para a criação da bomba atômica. Não se dizia culpado, mas, no pós-guerra, retomou imediatamente à atividade pacifista, afirmando, ainda em 1945, que "a bomba trouxe a vitória, mas não a paz".

Seu trabalho no Instituto de Estudos Avançados centrou-se na unificação das leis da física, que ele chamava de Teoria do Campo Unificado. Ou seja, não conseguiu encontrar uma teoria que permitiria englobar todos os fenômenos gravitacionais e eletromagnéticos, como em uma única estrutura lógica. Tentou. Isolou-se em profunda meditação. Não conseguiu.

Morreu sem a paz. Sem a paz de conceber uma ideia de Unificação do Universo. Mas a vida continua, não é?

PABLO PICASSO

(1881-1973)

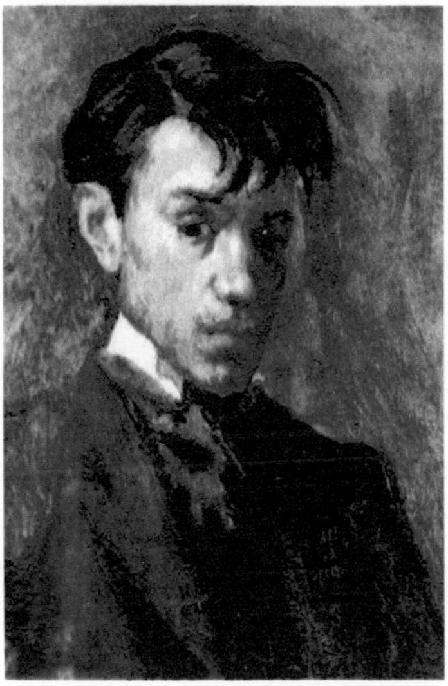

Picasso, em autorretrato de 1896

Algumas pessoas transformam o sol numa simples mancha amarela, outras transformam uma simples mancha amarela no próprio sol.

Pablo Picasso

Picasso nasceu em Málaga, na Espanha, posteriormente, adotou o sobrenome de solteira de sua mãe, Maria Picasso Lopez; seu pai, José Ruiz Blasco também era um artista.

Após um início de estudante de arte em Madrid, fez sua primeira viagem a Paris (1900), a capital artística da Europa. Lá morou com Max Jacob (jornalista e poeta), que o ajudou com a língua francesa. Max dormia de noite e Picasso durante o dia, pois ele costumava trabalhar à noite. Foi um período de extrema pobreza, frio e desespero. Muitos de seus desenhos tiveram que ser queimados para aquecer o pequeno quarto. Em 1901, com Soler, um amigo, funda a revista Arte Jovem, na cidade de Madrid. E o primeiro número é todo ilustrado por ele. Foi a partir dessa data que Picasso passa a assinar os seus trabalhos simplesmente "Picasso", anteriormente assinava "Pablo Ruiz y Picasso".

Os trabalhos de Pablo são frequentemente descritos por meio de uma série de períodos de transição.

O Período Azul ocorreu entre 1901 e 1904. Nessa fase, o artista retratou pessoas infelizes pintadas em tons de azul, evocando sentimentos de tristeza e alienação. "Foi pensando em Casagemas que passei a pintar em azul", disse Picasso. O suicídio do amigo o instiga a desbravar a miséria e o desespero humano. Esse é seu reflexo das questões sobre a vida, o amor e a morte. São pinturas com o fundo sombrio e grande abismo de dor.

Em 12 de abril de 1904, Picasso deixa Barcelona; é a quarta e última viagem. Instala-se na Praça Ravignan, 13, em Montmartre, num sórdido prédio de madeira conhecido pelo nome de Bateau-Lavoir, que foi destruído por um incêndio em 1970. É ali, num dia tempestuoso, de agosto de 1904, que fica conhecendo Fernande Olivier.

Logo após se conhecerem, o espanhol deu início à sua nova fase. Fernande Olivier foi o primeiro de muitos amores do artista que serviram de inspiração para a sua arte. Esse amor dá origem a muitos desenhos sensuais e eróticos. A amizade e a curiosidade o levam ao circo Médrano três ou quatro vezes por semana. Lá sente-se bem, pois está cercado por artistas de origem espanhola ou catalã.

Na Fase Rosa, a abundância de tons de rosa e vermelho espalham-se na tela, caracterizada pela presença de acrobatas, dançarinos, arlequins, artistas de circo: o mundo do circo.

No outono, conhece Gertrude Stein, encontro que será decisivo. Na primavera de 1903, Leo Stein, um jovem americano que descobrira a vocação de pintor, instala-se em Paris, na Rua de Fleurus, 27, logo é acompanhado pela irmã Gertrude que se tornará grande escritora. Com uma fortuna considerável, irão comprar, a partir de 1904, obras de Matisse (coleções de Michael, outro irmão, e Leo) e, em 1905, obras de Picasso (coleção de Leo e Gertrude). Os Stein logo passarão a frequentar o ateliê do Bateau-Lavoir, onde morava Picasso e outros artistas, tornando-se amigos e multiplicando suas aquisições; o que daí por diante permitirá a Picasso viver numa relativa tranquilidade financeira que não conhecera até então. Getrude organizava festas todos os sábados e vivia rodeada de pintores e escritores.

Numa das idas à casa de Gertrude, Picasso viu uma pequena estátua africana que Matisse havia comprado numa loja de curiosidades exóticas. Picasso, dizem, ficou particularmente impressionado com os olhos vazios dessa estátua.

Em 1906, Picasso conheceu Henri Matisse através de Gertrude, um artista renomado que se tornou seu melhor amigo. Durante as décadas seguintes, Picasso competia com Matisse e tentava impressioná-lo. Graças a essa amizade, sua obra entrou em uma nova fase marcada pela influência das artes gregas, ibérica e africana, era o Protocubismo, o antecedente do Cubismo.

O célebre retrato de Gertrude Stein (1905-1906) revela um tratamento do rosto em forma de máscara. Na véspera desta revolução do olhar, o retrato de Gertrude Stein já fundia os dois polos: Cézanne e a escultura negro-africana.

Para chegar a esse novo estilo, Gertrude teve que posar 96 vezes para o artista que, insatisfeito, abandonou o trabalho momentaneamente. Ele partiu para Gosol, pequena aldeia da alta Catalunha, para obter mais inspiração e deu certo. Ao retornar, Picasso retoma o retrato, apaga o rosto, transforma-o definitivamente, tomando um novo rumo na sua arte.

Em 1907, inspirado por essas esculturas ibéricas e africanas, pintou *Les Demoiselles d'Avignon*. Com esta pintura, revolucionou o mundo da arte, retratando umas prostitutas num bordel. Assim, rompe o espaço e a forma de representação ideal do nu feminino, estruturando-o por meio de linhas e planos cortantes e angulosos.

No mesmo ano, Picasso e Braque conhecem-se e começam a pintar juntos, desenvolvendo a primeira fase do cubismo.

O Cubismo originou-se na obra de Cézanne, pois, para ele, a pintura deveria tratar as formas da natureza como se fossem cones, esferas e cilindros. Entretanto, os cubistas foram mais longe do que Cézanne. Passaram a representar os objetos com todas as suas partes num mesmo plano. É como se eles estivessem abertos em todos os seus lados ao mesmo tempo, no mesmo plano frontal em relação ao espectador. Na verdade, essa atitude decompunha os objetos e exibia uma nova visão da realidade.

O pintor cubista tenta representar os objetos em três dimensões, numa superfície plana, sob formas geométricas, com o predomínio de linhas retas. Não representa, mas sugere a estrutura dos corpos ou objetos;ou representa-os como se eles se movimentassem em torno deles mesmos, vendo-os sob todos os ângulos visuais, por cima e por baixo, percebendo todos os planos e volumes.

O termo cubismo nasce das palavras de um crítico de arte para quem as paisagens de Picasso e Braque pareciam feitas de "pequenos cubos".

O Cubismo pôs fim à perspectiva, recurso usado de seis séculos até então, e que dava a ilusão de profundidade na arte. Uma nova realidade surge diante do olhar do Cubismo.

Em 1911, conheceu outra das importantes mulheres de sua vida, Marcelle Humbert, vindo a se separar de Olivier, com quem estava na época. Picasso passou a chamar Marcelle de Eva, para mostrar que ela era seu primeiro amor. Marcelle também apareceu em suas pinturas, mas morreu repentinamente em 1917.

Em 1918, casou-se com Olga Koklova, uma dançarina russa com quem teve um filho chamado Paulo. O artista criou diversos quadros de Olga com seu filho, porém, em 1935, o casal se divorciou. Com o passar dos anos, ele começou a retratar Olga como uma terrível fera.

No início da década de 1930, conheceu Marie Thérèse Walter, a nova musa para suas obras e com quem ele teve uma filha, Maia (1935). Apesar de estar envolvido com Marie, Picasso conheceu Dora Maar, em 1936, outro de seus amores que ele retratou em suas pinturas.

Em 1937, Picasso criou sua obra-prima, Guernica, que foi uma cidade espanhola bombardeada pelos nazistas. Este ataque funcionou como sinal de apoio ao general espanhol Francisco Franco, que lutava contra a República Espanhola.

Nesse quadro, Picasso retrata os horrores mais reais da guerra. Uma imagem de tal forma e impacto que nos bombardeia com uma carga emotiva avassaladora.

O painel encontra-se dominado no alto pela luz de um olho-lâmpada, o piscar do momento de terror. No centro, um cavalo apavorado, em disparada, representa as forças da destruição. Uma mão disforme segura uma lamparina a óleo, muito comum nas casas de camponeses. A direita dele, um perfil de um touro petrificado, símbolo da Espanha em guerra civil, sentindo toda a impotência perante a destruição. Logo abaixo do touro, encontramos uma mãe com o filho morto no colo. Ela clama por uma fagulha de vida que seja para o recém-nascido: é a *Pietá* de Picasso. Uma figura masculina espalha-se na parte inferior da tela. Embora esquartejada, ainda empunha uma espada quebrada. Unida à espada encontra-se uma flor. À direita, uma mulher, com seios expostos e grávida, voltada para a luz, implora pelo fim do suplício; enquanto uma outra, incinerada, ergue os braços para o vazio já sem esperança... Uma casa arde em chamas. O horror pintado arrasa sem piedade os últimos traços de vida.

Picasso foi proibido de expor durante todo o tempo de domínio alemão. Sobre o enorme painel, Guernica, foi um dia questionado por um general, que lhe perguntou: "*Foi o senhor que fez isso?*" A sua resposta foi afiada: "*Não! Foi o senhor que fez isso!*".

Apesar de representar os males do conflito armado em Guernica, e de ser um opositor declarado do General Franco, Picasso permaneceu em Paris durante a Segunda Guerra Mundial ocupada pelos alemães. Durante a guerra, uniu-se ao partido comunista, e quando o conflito chegou ao fim, foi a Moscou para demonstrar seu apoio a Stalin.

A vida pessoal de Picasso passou por tumultos na década de 1940, quando conheceu a artista Françoise Gilot. Esta foi a artista com quem Picasso teve dois filhos – Claude e Paloma. Foi a única que ele não distorceu em suas pinturas. Ao contrário, com o fim do romance em 53, o artista desfigurou sua própria imagem.

Não muito depois, em 55, conheceu Jacqueline Roque. Em 61, Picasso casou-se com Jacqueline e foram morar em Notre-Dame de Vie, em Mougins, que seria o último lar do grande pintor.

Ao longo dos anos, Pablo aventurou-se por estilos diversos. Revolucionou a escultura, utilizando objetos do diaadia como matéria-prima. Em suas pinturas, experimentou diferentes formas e cores, e também diferentes movimentos artísticos, como o Surrealismo.

Trabalhou na escultura, cerâmica, pintura e nas artes gráficas, continuou explorando seu talento até a sua morte, ocorrida em 1973.

Picasso faleceu em casa, em Notre-Dame de Vie, na França, no dia 8 de abril, aos 91 anos.

CIÊNCIA E ARTE

A realidade da forma não deve ser retratada como ela aparece, mas sim como a interpretamos. O mundo precisa de novas janelas e mais olhos como os de Einstein, Picasso, Agatha e Chaplin para vermos a verdade.

Regina Gonçalves

Einstein e Picasso, o que eles têm em comum? Ambos acreditavam que a arte e a ciência são meios de explorar o mundo além da percepção, além das aparências. Para isso, eles usavam a criatividade e a intuição.

No início do século 20, uma revolução ocorreu simultaneamente nas artes e nas ciências físicas. De um lado, Pablo Picasso destruiu a rigidez da perspectiva clássica, com o auxílio do Cubismo, redescobrindo uma nova maneira de interpretar a realidade. O Cubismo apresenta os objetos tal como são concebidos pela mente. O pintor cubista pinta o que existe e não o que se vê.

Nessa época, Albert Einstein destruía a rigidez da concepção newtoniana de espaço e tempo, mostrando que medidas de distância e de tempo não são absolutas, independentes do estado de movimento de quem as faz; mas, sim, dependentes do movimento relativo entre observadores. Essa era sua nova forma de interpretar a realidade.

Dada a proximidade nas datas (o quadro de Picasso "*Les Demoiselles D'Avignon*" é de 1907, e a relatividade especial de Einstein é de 1905), é natural supor-se uma influência da física nas artes.

Les Demoiselles mostram a solução de Picasso para o problema da representação quadridimensional. A tela retrata cinco prostitutas nuas em um bordel. As duas mulheres colocadas à direita têm rostos com traços tão acentuados que parecem estar usando máscaras. A forma do nariz e das nervuras faciais elaboradas em uma série de desenhos nos remetem, necessariamente, às máscaras africanas.

Em recente livro, "Einstein, Picasso: Espaço, Tempo e a Beleza que Causa Confusão", Arthur I. Miller, professor de historia e filosofia de Ciência na Universidade College, Londres, avalia esse tema, oferecendo uma explicação muito plausível para a aparente coincidência de datas.

Segundo Miller, não houve, na verdade, uma influência direta entre os trabalhos de Einstein e de Picasso. Ambos são partes de uma profunda transformação cultural que já ocorria no princípio do século, cujo foco maior de atenção era justamente o questionamento de que não podemos nos limitar apenas em nossos sentidos para compreender a realidade.

Picasso estudava formas e imagens vistas ao mesmo tempo de vários ângulos diferentes, pois quando um observador olha para uma estátua, por exemplo, ele tem a consciência da existência não só do volume do objeto, mas também de seus outros ângulos.

E o mais importante: não existe uma estátua instantânea. Senão, como ela poderia movimentar-se no espaço?

Para qualquer matéria existir, ela necessita, além das três dimensões, da quarta dimensão: o tempo. E se o tempo pode ser considerado como uma quarta dimensão, então se pode considerar a existência de um novo conceito chamado de espaço-tempo.

Com o cubismo, Picasso tentou representar todos os aspectos de um objeto, como se pudéssemos ver a frente e as costas de uma pessoa ao mesmo tempo, transformando-nos em observadores de uma quarta dimensão espacial.

Já Einstein, em sua teoria, mostrou que observadores com um movimento relativo entre si, por exemplo, uma pessoa em pé numa calçada e outra passando de carro, obterão resultados diferentes ao medirem distâncias e intervalos de tempo.

Se a pessoa em pé na calçada estiver segurando uma régua de um metro na horizontal (medida por ela), a pessoa passando de carro verá essa régua um pouco mais curta. Não percebemos isso, pois esses efeitos só se tornam importantes a velocidades próximas da velocidade da luz, de 300 mil quilômetros por segundo.

O oposto ocorre com o tempo: para o observador passando de carro, um relógio na mão da pessoa na calçada bate mais devagar, ou seja, a passagem do tempo é dilatada. Einstein concluiu que tempo e espaço são manifestações conjuntas da realidade física.

Poucos anos mais tarde, ficou claro que a teoria da relatividade trata o tempo como uma quarta dimensão.

A influência de Poincaré

Picasso e Einstein foram influenciados pelo matemático francês Henri Poincaré (1854 -1912) que, no início do século, propôs que a geometria não era a única coisa que descrevia a realidade.

Poincaré é considerado um dos precursores da Relatividade. No seu livro *Science et Hypothèse,* uma obra de reflexão filosófica e divulgação científica publicada em 1902, traduzida em alemão em 1904, explica "*como se pode representar um mundo a quatro dimensões, partindo da analogia com a nossa visão, que nos projeta na retina um quadro a duas dimensões*".

Nós sabemos que os objetos têm três dimensões, explica Poincaré, porque os vemos sequencialmente em diferentes perspectivas. Assim, prossegue:

"Tal como se pode fazer num plano a perspectiva de uma figura a três dimensões, pode-se representar uma figura a quatro dimensões. E pode-se tomar várias perspectivas de pontos de vista diferentes, dando-nos essa sequência de perspectivas a visão que teria um ser que se deslocasse num espaço a quatro dimensões".

Mas Picasso leu Poincaré? Picasso convivia com um grupo animado de artistas e nesse círculo de amizade havia um homem – um atuário (ramo do seguro) chamado Maurice Princet – que estudava matemática avançada como passatempo.

Uma das mais importantes modelos e amiga íntima de Picasso, Alice Géry, apresentou ao pintor o seu amante, Maurice Princet, que queria desenvolver-se na pintura. Rapidamente, Princet, acompanhado da amante, começou a frequentar os cafés com os artistas. Mais tarde, Alice se tornou sua esposa para que ele obtivesse assim uma promoção, pois um homem casado, para a sociedade do século XIX, sempre dava um "aspecto" mais confiável.

Em várias ocasiões, Princet lia Poincaré a Picasso e a seus amigos. O atuário frequentava o atelier de Picasso naquele tempo em que o pintor desenvolvia *Demoiselles.* Discutia a respeito de geometria e era avesso à perspectiva clássica.

Outros pontos em comum entre Picasso e Einstein

Einstein e Picasso possuíam pontos em comum em suas vidas pessoais. O biografo John Richardson, de Pablo Picasso, cita um comentário de Dora Maar, uma das amantes do artista:

"Havia cinco fatores que determinava sua maneira de vida e do mesmo modo o seu estilo: a mulher com quem estava apaixonado; o poeta, ou poetas, que serviam como catalisador; o lugar onde vivia; o círculo dos amigos que forneciam a admiração e a compreensão que nunca era bastante; e o cão que era seu companheiro inseparável."

Picasso viveu na Rua Ravignan, 13 (um bairro pobre, sem esgoto, luz, gás e pavimentação), no distrito de Montmartre. Essa moradia era chamada carinhosamente por Bateau-Lavoir (barco lavadouro) por lembrar o local que a prefeitura disponibilizava às lavadeiras. Nessa época, 1907, vivendo com a sua amante Fernande Olivier, produziu a tela *Les Demoiselles d'Avignon*. Essa pintura originou o Cubismo. Com ela, Picasso conseguiu alguma notoriedade e muita polêmica entre críticos, artistas e até entre os amigos próximos.

Em 1905, o cientista e sua esposa Mileva se mudaram para um prédio pobre na Rua Kramgasse 49, no centro da cidade velha de Berna, Suíça. Os amigos próximos de Einstein em Berna eram empregados civis obscuros como ele, e certamente nenhum deles tivera indício, tal como os amigos de Picasso, sobre a ideia mais do que revolucionária que Einstein estava prestes a desenvolver. Einstein gostava de frequentar reuniões em casas de amigos. Essas reuniões foram batizadas de Academia Olímpia, uma forma irreverente de ridicularizar as pomposas academias.

A influência de Cézanne

Em linhas gerais, a argumentação entre historiadores da arte é que as raízes do Cubismo estão em Paul Cézanne e na arte primitiva africana.

Cézanne usava formas geométricas quando pintava e afirmava ver na natureza "*o quadrado, a esfera e o cone*". Seus desenhos rompiam com a apresentação tradicional de um objeto calcada na perspectiva. Mostravam a figura em mais de uma face, distorcendo-as sutilmente. A distorção de Cézanne não é a distorção expressionista, mas, uma quebra da superfície em planos oblíquos, uma divisão dos volumes, uma nova forma de equilíbrio.

Através dos cadernos de Picasso e de vários outros testemunhos, sabe-se que o artista meditou longamente na preparação do quadro *Les Demoiselles D'Avignon*.

Nos seus esboços, encontram-se inúmeros desenhos, um deles surpreendente por ser a projeção de um sólido a quatro dimensões. Em todos os esboços revela-se uma busca contínua da simplificação de elementos do corpo humano, que se aproximam de figuras geométricas simples.

Finalmente, encontram-se estudos de perspectivas diferentes, e este elemento marcante do cubismo que Pablo Picasso e Georges Braque (1882-1963) tornariam tão claro nas suas obras seguintes: a justaposição de diferentes perspectivas sobre a mesma tela, revelando pontos de vista distintos do mesmo objeto.

A criatividade também vem de outras fontes

Por que devem as raízes do movimento cubista, que mais influenciou a arte do século vinte, encontrar-se totalmente dentro da arte?

Alargando nosso ponto de vista das origens de *Les Demoiselles* para incluir a ciência, a matemática e a tecnologia, nós ganhamos uma introspecção mais profunda do esforço monumental de Picasso.

A teoria da relatividade e a obra *Les Demoiselles* representam as respostas de dois mundos: Einstein e Picasso, embora separados geograficamente e culturalmente, provocaram mudanças dramáticas que expandiram a visão da realidade, afinal, parafraseando Shakespeare:

"Há mais coisas entre a ciência e a arte do que pode supor nossa vã filosofia."

AGATHA CHRISTIE

(1890-1976)

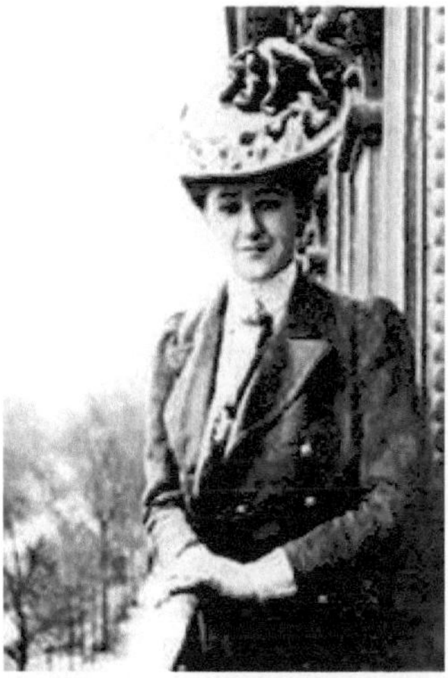

Agatha Christie em Paris, 1906

Entenda isto, eu pretendo descobrir a verdade. A verdade, apesar de feia por si mesma, é sempre curiosa e bonita para aqueles que a procuram.

Agatha Christie

Agatha Mary Clarissa Miller nasceu em Torquay, Devonshire, Inglaterra, em 15 de setembro de 1890. Seu pai era Frederick Alvah Miller, um rico corretor de bolsa americano, e sua mãe era Clara Bohemer, aristocrata inglesa.

Cresceu no período em que reinava a Rainha Vitória. Torquay havia, na época, se transformado em uma área de domicílios da nobreza latifundiária. Isso explica por que muitos livros da escritora são ambientados em casas de campo.

Era característico da época que só os meninos frequentassem a escola; as filhas aprendiam em casa aos cuidados de uma preceptora. A mãe de Agatha não era uma mulher que seguisse convenções, e mandou Madge, a filha mais velha, para a escola.

A pequena futura rainha do crime, ou dama do mistério, se antecipando a esse período, aos quatro anos de idade, já lia sozinha um livro de estórias; menina curiosa, cultivava o hábito de perguntar a babá o que era toda palavra que via em qualquer lugar que fosse, como por exemplo, na fachada de um armazém. Memorizava as palavras, tornando-se capaz de ler frases sem conhecer as letras. Das frases, ela passou para os livros, tornando-se uma leitora voraz desde muito cedo.

Agatha estudou piano desde a infância e não frequentou a escola. A influência maior em seu estudo, além de seus pais, foram sua ama-seca, sua irmã mais velha Margaret (Madge), seu irmão Louis (Monty) e seus avós. Seu pai ajudou nos primeiros passos na matéria que se tornou a mais adorada, a matemática.

Gostava de comer maçãs, especialmente quando estava na banheira criando histórias. Brincava, principalmente com seu cachorrinho Tony, e também possuía amigos invisíveis. Fazia coleção com macaquinhos de pelúcia que comprava na feira anual. Nadava em mar aberto, mesmo em dias de tempestade. Andava a cavalo. Jogava tênis, mas não levava jeito. Participava de aulas de dança. No inverno, quando não era temporada de concerto no cais Princess, aproveitava para andar de patins com os amigos.

Agatha perdeu o pai aos doze anos. Foi um período difícil. Os meses que antecederam a sua morte foram caracterizados por problemas financeiros e por problemas de saúde da mãe.

Teve aulas de canto, em Paris, 1906, na adolescência. Nessas ocasiões em que viajavam por um longo período, para obterem uma boa soma de dinheiro, alugavam a grande e amada casa chamada Ashfield. Chegou a se apresentar em um concerto, sonhava ser cantora de ópera, mas o seu talento para a música não compunha uma harmonia com sua personalidade tímida.

Ao retornarem à Inglaterra, a saúde de sua mãe se agravou e foi recomendado pelo médico da família que ela fosse para um lugar mais seco do que a cidade praiana de Torquay. Novamente alugaram a casa, e a mãe e Agatha passaram 3 meses no Cairo. Essa temporada, num lugar que era muito frequentado por famílias inglesas, provocou uma súbita mudança na tímida jovem, pois ela passou a ir a muitos bailes.

Começou a escrever sob a influência de sua mãe, que a incentivou a criar um conto, enquanto Agatha estava com um forte resfriado e de cama. A jovem filha chegou a duvidar de sua capacidade, mas conseguiu com o incentivo da mãe. Continuou escrevendo encorajada por Eden Phillpotts, um teatrólogo amigo da família e vizinho. Quando já estava famosa, disse que durante muitos anos se divertiu escrevendo histórias melancólicas em que a maioria dos personagens morria.

Durante a Primeira Guerra Mundial, Agatha prestou serviço voluntário como enfermeira no hospital de Torquay, onde ganharia uma familiaridade com venenos que no futuro lhe seria muito valiosa.

Conheceu o coronel Archibald Christie, da *Royal Flying Corps,* com quem se casou após a guerra, depois de anos de namoro à distância; passou a chamar-se Agatha Christie. A primeira e única filha nasceria cinco anos depois, Rosalind.

A escritora inglesa costumava ler muitas histórias de detetive, como Sherlock Holmes, e autores como Edgar Alan Poe e Gaston Leroux. Com isso, improvisava mistérios com sua irmã Madge.

Escreveu seu primeiro romance policial, "O Misterioso caso Styles", como resultado de um desafio lançado pela irmã que disse que ela seria incapaz de escrever um romance policial. Ao que parece, a irmã falou por falar, mas ela levou a sério. Essa obra foi publicada em 1920, depois de ter sido recusada por meia dúzia de editores.

Em 1926, após uma média de um livro por ano, escreveu sua obra-prima. *O Assassinato de Roger Ackroyd* foi o primeiro de seus livros a ser publicado pela editora Collins e marcou o início de um relacionamento autor-editora que durou 50 anos e 70 livros. *O Assassinato de Roger Ackroyd* também foi o primeiro dos livros a ser dramatizado – sob o nome de Álibi – e a fazer sucesso na West End de Londres.

A vida de Agatha sofreu uma reviravolta com a morte de sua mãe em 1926. Ela viajou para o campo junto com sua filha e o marido permaneceu em Londres. Nessa época, o marido a abandonou, deixando-a desnorteada.

Consta que ela desapareceu por um período, vindo a ser encontrada em um hotel, registrada sob o nome da amante do marido, Tessa Neele, tomada por um curto período de amnésia.

Manteve o sobrenome do marido: já era uma marca em seus livros. Escreveu doze peças, uma numerosa coleção de contos e mais de sessenta romances policiais. A peça que alcançou maior sucesso foi "A ratoeira" (derivada do conto – "Três ratos cegos" – da própria autora); em Londres, ficou em cartaz por mais de vinte e três anos. Também fez 19 peças e seis romances escritos sob o pseudônimo de Mary Westmacott.

Muitos anos depois, casou-se de novo, desta vez com um professor de arqueologia, Max Mallowan, mais de dez anos mais novo do que ela. Acompanhou o marido em expedições arqueológicas e escreveu narrativas de viagens com seu nome de casada, Agatha Christie Mallowan. Alguns romances policiais também derivam dessas expedições, como: "A morte no Nilo", "Morte na Mesopotâmia", "Encontro com a morte" e "A morte vem no fim".

Em suas histórias policiais, os crimes são solucionados por meio da psicologia comportamental. Para isso, criou o detetive belga Hercule Poirot, inspirado num vizinho, um personagem de baixa estatura, cabelos pretos e com um bigode muito bem cuidado. Ele tem como companheiro o capitão Hastings. Na hora de resolver os casos, sempre evoca seu raciocínio aguçado, fala nas "pequeninas células cinzentas do cérebro".

Outro dos detetives de Agatha é Miss Jane Marple, caricatura da mulher inglesa, bastante idosa e que vive no campo em St. Mary Mead. Está sempre perto, por mera casualidade, de lugares onde ocorrem crimes e, por meio de paralelos psicológicos com pessoas de St. Mary Mead, vai chegando ao criminoso, estando sempre à frente da polícia.

Os livros de Agatha Christie apresentam pistas com um rigor matemático que deixam o suspense ainda mais elaborado. São como um quebra-cabeça a ser montado, juntando-se as diversas pistas que aparecem no decorrer do livro, e nem sempre é fácil distinguir uma pista de uma casualidade. A autora uma vez revelou que começa seus livros pelo assassinato. Estuda a forma que foi cometido e os motivos; depois, espalha pistas falsas e verdadeiras. Nas suas histórias policiais, a autora já fez as coisas mais inesperadas, como matar todos os personagens, fazer de todos suspeitos participantes do assassinato e o assassino ser ninguém mais que o narrador.

Agatha morreu em sua casa, em Wallingford, Berkshire, no dia 12 de janeiro de 1976. Em uma cerimônia privada, foi enterrada no cemitério da Igreja de St. Mary, em Cholsey, Berkshire.

Desde 1920, foram feitas mais de um bilhão de cópias. Seus livros foram traduzidos para várias línguas, sendo que Agatha é a segunda autora mais traduzida, depois da Bíblia.

CHARLES CHAPLIN

(1889-1977)

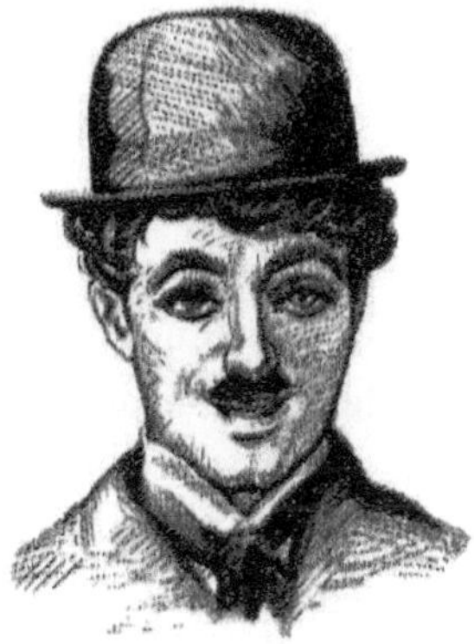

Eu não tenho muita paciência com a beleza que deve ser explicada para ser entendida. Se ela precisa de interpretação adicional de alguém além do criador, então eu questiono se ela satisfez o seu propósito.

Charles Chaplin

Sir Charles "Charlie" Spencer Chaplin, ou Carlitos, nasceu no dia 16 de abril de 1889 às 20 horas, em um subúrbio de Londres. Filho de um cantor barítono (Charles Chaplin) e da atriz Lily Harvey (nome: Hannah Harriet Hill), ambos artistas do music-hall.

Sydney, meio-irmão de Chaplin, era filho do primeiro casamento de Hannah com um homem do qual até hoje não se tem informação precisa. A mãe se tornou cantora do music-hall e daí conheceu o pai de Chaplin. Eles se casaram e o marido adotou Syd dando-lhe o nome de Sydney John Chaplin.

Os pais separaram-se quando Chaplin ainda era criança. Seu pai o abandonou, deixando-o aos cuidados de sua mãe, depois que tomou conhecimento de um caso da esposa com outro cantor do music-hall, Leo Dryden. Esta relação gerou o segundo meio-irmão de Chaplin, Wheeler Dryden, 1892, que foi morar com o pai na Índia e só tomou conhecimento do parentesco com Chaplin apenas quando o grande comediante se tornou famoso.

Somente na década de 20 que Wheeler, finalmente, se juntou aos irmãos e à mãe. Em 1928 chegou a dirigir Sydney no filme "A Little Bit of Fluff" rodado na Inglaterra.

Um grave problema de laringe acabou definitivamente com a carreira da mãe cantora, e a primeira crise ocorreu quando ela representava "A Cantina" no teatro Aldershot, local frequentado principalmente por arruaceiros e soldados, o pior lugar para um artista representar. Lily levou golpes de objetos atirados a ela sem piedade e foi forçada a sair de cena. Nos bastidores, ficou a chorar e a discutir com o empresário. Enquanto isso, Chaplin sozinho foi ao palco e começou a cantar uma cantiga muito conhecida da época (Jack Jones).

Com apenas cinco anos, atraiu a sorte com as moedas que aquela difícil e implacável plateia vibrante jogava ao palco para o talentoso artista que ali nascia.

Hannah ficou desempregada e com isso foi morar com os dois filhos em um asilo para pobres de Lambeth, passando a trabalhar como enfermeira e cosendo em casa (em uma máquina de aluguel).

Mais tarde, foram morar nas escolas de Hanwell para crianças órfãs e indigentes, período em começaram a surgir os primeiros sintomas de insanidade mental em Hannah (medicada pela Assistência Municipal).

Em 1896, Hannah Chaplin é hospitalizada para tratar de uma depressão nervosa em um manicômio, onde dormiam seus filhos em um cômodo à parte. Nesse tempo, Sydney conseguiu um emprego como mensageiro em um telégrafo e o garoto Chaplin passou por diversas ocupações: entregador de mercearia, recepcionista de consultório médico, garoto de recados, entregador de papelaria, soprador de vidros (essa ocupação só durou um dia, pois fez tanto esforço que caiu desmaiado), tipógrafo, vendedor de trapos.

Tempos depois, ficou vivendo sozinho em orfanatos, pois seu meio-irmão tornou-se marinheiro e Hannah ainda continuava internada em manicômios.

Foi nesse ambiente de miséria e sofrimento que Chaplin encontrou todos os elementos, toda sua força e talento, que utilizaria em roteiros dos filmes que dirigiu e interpretou mais tarde.

Graças a seu pai, comemorou o seu oitavo aniversário contratado por uma companhia de bailarinos chamada *Eight Lancashire Lads.*

Em 1901, pouco depois da morte do seu pai, por problemas de alcoolismo, assinou seu primeiro contrato estável como ator, interpretando um mensageiro em uma versão de Sherlock Holmes. Com esse trabalho, sua situação financeira melhorou.

Conseguiu um emprego no Circo Casey, onde pôde desenvolver as suas habilidades cômicas. Já na primeira apresentação, arrancou as primeiras gargalhadas de um grande público pela maneira afoita com a qual recolhia as moedas atiradas à arena.

O adolescente Chaplin conseguiu entrar na companhia do acrobata Fred Karno, apresentado por Sydney que na época trabalhava na companhia. Syd sempre acreditou no talento do irmão. Karno fazia sucesso com espetáculos de mímica. Sem dúvida, esse era o forte de Chaplin que rapidamente superou o artista Harry Weldon com quem dividia o número.

Em 1909, teve a sua primeira temporada em Paris. Após uma turnê pelo norte da Inglaterra, Chaplin foi para Toronto e Nova Iorque e de lá prosseguiu para o oeste. A Broadway não assimilou o humor inglês, mas o talento de Chaplin chamou a atenção de alguns jornais e de um espectador, que nessa época trabalhava para o cinema; era Mack Sennett, que seria, mais adiante, seu novo chefe.

Enquanto estava na Filadélfia, em 1913, Chaplin recebeu um telegrama pedindo-lhe que fosse até um escritório no centro da Broadway. Ali funcionava a sede da Keystone Comedy Film Company, onde lhe ofereceram um salário de 150 dólares para que fizesse três filmes por semana.

O seu primeiro filme, estreado em fevereiro de 1914, mostrava as aventuras de um personagem cômico na redação de um jornal. Em seu segundo filme, Corrida de automóveis para meninos (1914), criou um personagem que logo seria identificado pelo público. Sennett pediu-lhe que se vestisse de maneira engraçada. Explicando como o famoso Charlie surgiu, Chaplin disse:

"Pensei que poderia usar umas calças muito grandes e uns sapatos enormes, além de uma bengala e um chapéu coco. Queria que tudo fosse contraditório: as calças folgadas, o paletó apertado, o chapéu pequeno e os sapatos enormes. Não

sabia se deveria parecer velho ou jovem, mas quando me lembrei que Sennett tinha pensado que eu era bem mais velho, coloquei um bigodinho que me daria alguns anos sem esconder a minha expressão".

Com o personagem Carlitos, Charles Chaplin criou um estilo único, caracterizado pelo despojamento e pelo predomínio da imagem, apoiada pela mímica e pela expressão corporal. Carlitos criticava a falsa dignidade burguesa, identificava-se com os humildes.

Seus primeiros clássicos foram: "Carlitos no Armazém" (1916), "Rua da Paz" (1917), "O Balneário" (1917), "O Emigrante" (1917), "Carlitos nas Trincheiras" (1918), "Vida de Cachorro" (1918), "Os Clássicos Vadios" (1921), "O Peregrino" (1923) e "O Garoto" (1921).

Entre os clássicos em longa-metragem que fez na United Artists figuram: "The Gold Rush" (Em busca do ouro), de 1925, que é a obra prima preferida do próprio Chaplin. Nela, o mestre da pantomima interpreta um vagabundo que vai tentar a sorte em Klondike, no Alaska, em plena "febre do ouro". Trazendo a memorável e mais famosa sequência de seus filmes a "dança dos pãezinhos" e a cômica cena onde cozinha e come sua botina. Apesar do custo faraônico de seis milhões e meio de dólares, muito para os padrões da época, este foi o filme que mais lhe deu lucro e popularidade.

O fim dos bons tempos

A estreia do primeiro filme com som, O Cantor de Jazz, trouxe um grande abalo. Chaplin já tinha começado as filmagens de Luzes da Cidade (1928) quando percebeu que o cinema mudo estava com os dias contados. Mesmo assim, não admitia que Carlitos falasse.

Depois de Nova York, do *New Deal,* e com a efervescência dos totalitarismos da esquerda e da direita, Chaplin, que não escondia de ninguém sua simpatia pelo socialismo democrático, transferiu suas inquietações para seus dois únicos filmes dos anos 30.

Em "Tempos Modernos" (1936), Chaplin promove uma sátira sobre a alienação dos operários no processo de produção em série. O protagonista continua sendo Carlitos, que não diz nenhuma palavra durante todo o filme.

No filme "O Grande Ditador" (1940), o grande cineasta inglês exibiu uma caricatura de Adolf Hitler sob a forma de seu personagem Carlitos, que falou pela primeira vez. Nem todos os americanos se identificaram com o discurso pacifista que o protagonista divulga no final. Franklin D. Roosevelt recebeu Chaplin, pessoalmente, na Casa Branca, depois de ter solicitado uma projeção privada de O Grande Ditador, sendo seu único comentário bastante lacônico: "*Sente-se Charlie, o seu filme nos está dando muitas dores de cabeça*".

Pelo simples fato de ter sido o diretor e intérprete do filme, Chaplin foi rotulado pelos movimentos anticomunistas que surgiram depois da Segunda Guerra Mundial. Rodar um filme antinazista e expressar argumentos humanitários em favor de uma nação aliada eram motivos suficientes para ser mal visto nos Estados Unidos que, paradoxalmente, estavam em guerra contra a Alemanha e ao lado da União Soviética.

Nessa época, Chaplin já tinha conhecido a sua quarta esposa. Era Oona O'Neil, filha do famoso dramaturgo Eugene O'Neil. Os dois se casaram em 1943, em uma pequena cidade na costa da Califórnia.

Monsieur Verdoux (1947) é baseado em uma biografia de Landru, um sádico assassino que matava mulheres depois de seduzi-las. Por causa desse filme, Chaplin foi excluído definitivamente. Monsieur Verdoux não apenas foi censurado pela Motion Picture Association, mas também por um amplo setor da imprensa e por algumas organizações de direita. O filme acabou sendo um verdadeiro fracasso. O "Comitê de Atividades Anti-americanas" incluiu Chaplin numa primeira lista de "testemunhas hostis", que se tornaram conhecidos como "os dez de Hollywood". Como Chaplin demorou a ser citado, decidiu antecipar-se e declarar por escrito:

> *"Para a sua conveniência, direi o que eu acho que desejam saber. Não sou comunista e nunca fiz parte de nenhum partido ou organização política na minha vida. Sou o que vocês chamam de traficante da paz. Espero que não se sintam ofendidos por isso".*

Apesar desse ambiente totalmente hostil, Chaplin ainda rodou outro filme nos Estados Unidos, "Luzes da Ribalta" (1952), um melodrama sobre um artista do music-hall que dedica seus últimos anos de vida a incentivar a carreira de uma jovem bailarina. Nesse filme, Chaplin trabalhou com Buster Keaton, outro grande ator cômico da época.

Em setembro de 1952, Chaplin recebeu a visita de funcionários do Departamento de Imigração por causa da suspeita de ser comunista, a falta de patriotismo que tinha impedido a sua nacionalização e a suspeita de adultério. Eram os últimos dias de Chaplin nos Estados Unidos. Com a desculpa de tirar umas férias, foi para Nova Iorque apresentar o filme "Luzes da Ribalta" à imprensa e, junto com sua mulher e os quatro filhos do casal, embarcou para Londres. No Queen Elizabeth, depois de dois dias de viagem, Chaplin recebeu um telegrama comunicando a abertura de uma nova investigação, solicitada pelo Inspetor Geral do Estado, na qual voltavam a aparecer as antigas acusações sobre suas atividades políticas e sua vida particular, o que significou a ruptura definitiva com o país onde tinha vivido durante quarenta anos.

A estreia de "Luzes da Ribalta" (1952) em Londres, Paris e Roma fizeram com que Chaplin viajasse bastante pela Europa, instalando-se em uma mansão perto da cidade suíça de Vevey. Oona voltou aos Estados Unidos para resolver questões bancárias, pegar os negativos dos filmes de Chaplin e, de volta à Europa, no consulado americano de Lausanne, renunciou à sua cidadania. Ele também devolveu o seu visto de regresso, alegando que "*já estava velho demais para aguentar tantas bobagens.*"

"Um Rei em Nova Iorque" (1956) foi rodado em Londres e foi sua vingança definitiva por todas as humilhações passadas nos Estados Unidos.

Apagam-se as luzes....

Em 1965, no aniversário de Chaplin, morre Sydney que sempre ajudou o comediante, trabalhando como ator, como empresário e, principalmente, tinha sido um grande irmão.

Em 1971, a Academia de Hollywood quis restaurar a reputação de Chaplin nos Estados Unidos com um Oscar especial "pela incalculável contribuição à arte do século: o cinema". Um ano mais tarde, recebeu outro Oscar com um sabor especial, o de melhor trilha sonora pelo filme "Luzes da Ribalta" que, por não ter estreado em Los Angeles, pôde ser candidato ao Oscar vinte anos depois. Nessa ocasião, Chaplin decidiu voltar aos Estados Unidos e pisou em um palco pela última vez, sendo aplaudido durante bastante tempo.

Três anos mais tarde, a rainha da Inglaterra o nomeou cavaleiro do Império Britânico. Em 1977, na madrugada do dia 25 de dezembro, aos oitenta e oito anos de idade, apagavam-se definitivamente as luzes para aqueles olhos envelhecidos.

Morria o gênio, mas a alegria e as emoções de seus filmes que iluminam os rostos de milhares de fãs, tanto de gerações de tempos passados como daqueles que virão, nunca desaparecerão.

A autora

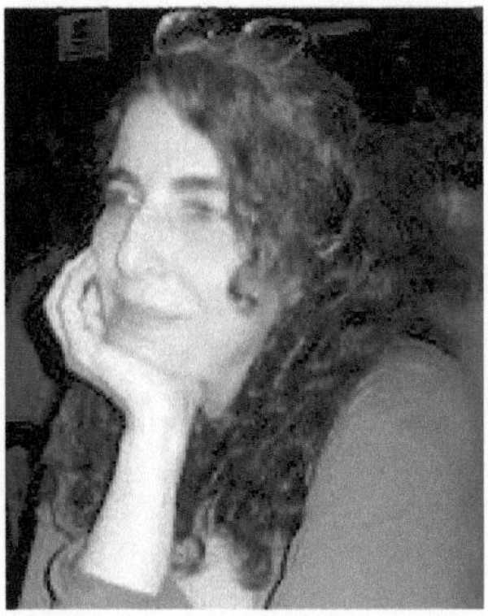

REGINA GONÇALVES é graduada em Matemática e pós-graduada em Análise de Sistemas. Regina é apaixonada por Arte, Ciência e História Mundial, paixão que a levou a ser a autora da série de livros "Caio Zip, o Viajante do Tempo", repleta de aventuras, mistérios e desafios.

www.ingramcontent.com/pod-product-compliance
Ingram Content Group UK Ltd.
Pitfield, Milton Keynes, MK11 3LW, UK
UKHW040301300826
14791UKWH00002B/631

9 788563 382603